Kohlhammer

Lindauer Beiträge zur Psychotherapie und Psychosomatik

Herausgegeben von Michael Ermann und Dorothea Huber

Michael Ermann, Prof. Dr. med. habil., ist Psychoanalytiker in Berlin und Professor emeritus für Psychotherapie und Psychosomatik an der Ludwig-Maximilians-Universität München.

Dorothea Huber, Professor Dr. med. Dr. phil., war bis 2018 Chefärztin der Klinik für Psychosomatische Medizin und Psychotherapie an der München Klinik. Sie ist Professorin an der Internationalen Psychoanalytischen Universität, IPU Berlin, und in der wissenschaftlichen Leitung der Lindauer Psychotherapiewochen tätig.

Eine Übersicht aller lieferbaren und im Buchhandel angekündigten Bände der Reihe finden Sie unter:

 https://shop.kohlhammer.de/lindauer-beitraege

Michael Ermann

Angst und Angststörungen

Psychoanalytische Konzepte

3., erweiterte und überarbeitete Auflage

Verlag W. Kohlhammer

Dieses Werk einschließlich aller seiner Teile ist urheberrechtlich geschützt. Jede Verwendung außerhalb der engen Grenzen des Urheberrechts ist ohne Zustimmung des Verlags unzulässig und strafbar. Das gilt insbesondere für Vervielfältigungen, Übersetzungen und für die Einspeicherung und Verarbeitung in elektronischen Systemen.

Pharmakologische Daten verändern sich ständig. Verlag und Autoren tragen dafür Sorge, dass alle gemachten Angaben dem derzeitigen Wissensstand entsprechen. Eine Haftung hierfür kann jedoch nicht übernommen werden. Es empfiehlt sich, die Angaben anhand des Beipackzettels und der entsprechenden Fachinformationen zu überprüfen. Aufgrund der Auswahl häufig angewendeter Arzneimittel besteht kein Anspruch auf Vollständigkeit.

Die Wiedergabe von Warenbezeichnungen, Handelsnamen und sonstigen Kennzeichen berechtigt nicht zu der Annahme, dass diese frei benutzt werden dürfen. Vielmehr kann es sich auch dann um eingetragene Warenzeichen oder sonstige geschützte Kennzeichen handeln, wenn sie nicht eigens als solche gekennzeichnet sind.

Es konnten nicht alle Rechtsinhaber von Abbildungen ermittelt werden. Sollte dem Verlag gegenüber der Nachweis der Rechtsinhaberschaft geführt werden, wird das branchenübliche Honorar nachträglich gezahlt.

Dieses Werk enthält Hinweise/Links zu externen Websites Dritter, auf deren Inhalt der Verlag keinen Einfluss hat und die der Haftung der jeweiligen Seitenanbieter oder -betreiber unterliegen. Zum Zeitpunkt der Verlinkung wurden die externen Websites auf mögliche Rechtsverstöße überprüft und dabei keine Rechtsverletzung festgestellt. Ohne konkrete Hinweise auf eine solche Rechtsverletzung ist eine permanente inhaltliche Kontrolle der verlinkten Seiten nicht zumutbar. Sollten jedoch Rechtsverletzungen bekannt werden, werden die betroffenen externen Links soweit möglich unverzüglich entfernt.

3., erweiterte und überarbeitete Auflage 2023

Alle Rechte vorbehalten
© W. Kohlhammer GmbH, Stuttgart
Gesamtherstellung: W. Kohlhammer GmbH, Stuttgart

Print:
ISBN 978-3-17-042768-6

E-Book-Formate:
pdf: ISBN 978-3-17-042769-3
epub: ISBN 978-3-17-042770-9

Im Gedenken an
Friedrich Beese (1921–2012),
der meine psychoanalytische Ausbildung begleitet hat

Inhalt

Vorwort **11**

1. Vorlesung
Angst – Erscheinungen und Bedeutung **13**
    Angst als Thema der Menschheit 13
        Der Begriff der Angst 13
        Existenzielle Angst – eine Grunderfahrung des
        menschlichen Lebens 14
        Situative Angst 15
        Grundlagen von Angst 16
    Angst und Kultur 16
        Philosophische Beiträge zum Thema Angst 18
        Angst und Kunst 20
        Der Beitrag der Psychoanalyse 24
    Angst im klinischen Kontext 26
        Realistische Angst 26
        Unbewusste Angst und Ängste als Symptom 28
        Angststörungen 29

2. Vorlesung
Angst, der Trieb und das Ich **36**
    Freuds Erbe 36
        Biografie und Werk 36
    Freuds Angsttheorien 40
        Freuds frühes biologisches Angstkonzept 40
        Freuds späteres psychodynamisches
        Angstverständnis 42

Freuds zweite Angsttheorie	44
Der Paradigmenwechsel von der Trieb- zur Ich-Psychologie	49
Ausblick	50
Angst aus Sicht der Ich-Psychologie	51
Heinz Hartmann und sein Ansatz einer Ich-Psychologie	51

3. Vorlesung
Angst und Objektbeziehung ... 55

Die Idee einer Objektbeziehungstheorie	55
Melanie Klein	57
Biografisches	57
Das Kleinianische Entwicklungskonzept	58
Melanie Kleins Konzepte der Angst	60
Beiträge der Postkleinianer	63
Wilfred Bion: Sein Leben und seine Theorien	63
Donald Meltzer: Biografisches und sein Weg zum »Claustrum«	66
Angst als Störung der basalen Objektbezogenheit	69
Vorbemerkung zur Controversial Discussion	69
Die Positionen von Balint und Winnicott	70
Balint und sein Beitrag zur Psychoanalyse	71
Winnicott und seine Theorie	74

4. Vorlesung
Angst und das Selbst ... 78

Angst in der Selbst-Psychologie	78
Das Konzept des Selbst und die Entwicklung der Selbst-Psychologie	78
Heinz Kohuts Leben und sein Ansatz der Selbst-Psychologie	79
Von der Selbst-Psychologie zur Intersubjektivität	84
Das intersubjektive Angstverständnis	86

5. Vorlesung
Angst und Persönlichkeitsstruktur **88**
    Vorbemerkung zum Konzept der Persönlichkeitsstruktur . 88
    Fritz Riemann und seine Charakterkunde 91
        Riemanns »Grundformen der Angst« 94
    Karl König und sein Beitrag zur Psychoanalyse 96
        Königs Beitrag zum Angstverständnis 97

6. Vorlesung
Diagnostik und Behandlungsstrategien **100**
    Klinische Diagnostik der Angststörungen 100
        Klinische Phänomenologie 100
        Ätiologie und Entwicklungsdiagnostik 102
    Behandlungsstrategie 109
        Neurotische (konfliktbedingte) Angststörungen 110
        Strukturbedingte Angststörungen 111
        Präödipale Angststörungen 113

Schlusswort **118**

Literatur **119**
    Zum weiteren Studium empfohlene Literatur 122
        Zum Thema Angst 122
        Zur Entwicklung der Psychoanalyse 122

Stichwortverzeichnis **123**

Personenverzeichnis **127**

Der Autor **129**

Vorwort

Dieses Buch gibt einen Einstieg in das Thema Angst und Angststörungen aus psychoanalytischer und psychodynamischer Sicht. Vor dem Hintergrund der Vielfalt von Konzepten ist es unmöglich, dabei die ganze Fülle von Beiträgen zu würdigen, welche die Geschichte von mehr als 100 Jahren Psychoanalyse zu dieser Thematik hervorgebracht hat. Ich werde mich daher in diesem Band, der auf einer Vorlesung bei den Lindauer Psychotherapiewochen 2011 beruht, nach einer allgemeinen Einführung auf eine Auswahl von Klassikern beschränken, die besonders auf die Entwicklung in Deutschland eingewirkt haben.

Wie es kaum anders sein kann, lässt die Auswahl der Konzepte meine subjektiven Präferenzen erkennen. Sie orientiert sich u. a. an Guido Meyer (2005 ff.), der vor einigen Jahren ein dreibändiges Werk über die »Konzepte der Angst in der Psychoanalyse« vorgelegt hat, das ich zum näheren Studium empfehle. Bei der Vorbereitung hat mir auch das Buch von Egon Fabian »Anatomie der Angst« aus dem Jahre 2010 geholfen, das mir vor allem für nicht-klinische Aspekte des Themas Anregungen gegeben hat.

Angesichts des begrenzten Rahmens einer Vorlesung musste ich die Angstkonzepte der Jung'schen Analytischen Psychologie, der Individualpsychologie Alfred Adlers und der strukturalen Psychoanalyse von Jaques Lacan auslassen. Hingegen habe ich den Text gegenüber der ursprünglichen Lindauer Vorlesung erweitert und auf Anregung meiner Hörer die Darstellung der persönlichkeitstypologischen Angstkonzepte von Fritz Riemann und Karl König aufgenommen, die sich in Deutschland großer Popularität erfreuen.

Für die dritte Auflage habe ich die Systematik der Angststörungen im letzten Kapitel überarbeitet und die Darstellung der differenziellen Indikation zwischen der strukturorientierten und der konfliktorientierten psychodynamischen Behandlung ergänzt.

Mein Dank gilt an dieser Stelle wie schon bei den früheren Auflagen dem Kohlhammer-Verlag, der die Neuauflage mit Unterstützung und Sorgfalt begleitet hat.

Berlin, im Februar 2023
Michael Ermann

1. Vorlesung
Angst – Erscheinungen und Bedeutung

> We do not know whence we come and where we go.
> Our little life is surrounded by sleep.
> *Shakespeare*

Angst als Thema der Menschheit

Der Begriff der Angst

Vorläufer des deutschen Begriffs Angst gibt es im Lateinischen und im Indogermanischen. Dort bedeutet das lateinische *angustiae* Enge, ebenso wie das indogermanische *anghu*. Später finden wir im Althochdeutschen die Bezeichnung *angust*. Begrifflich wird Angst (lat.: *angor*) von Furcht (lat.: *timor*) unterschieden: Angst ist ungerichtet, während mit Furcht (oder Phobie) die Angst vor bestimmten Situationen oder Objekten bezeichnet wird.

Angst bezeichnet einen sehr körpernahen Gefühlszustand. Dieser tritt in Situationen auf, die bewusst oder unbewusst als bedrohlich oder gefährlich erlebt werden. Er äußert sich als eine unlustvolle Erregung, die mit Beengung und Verzweiflung verbunden ist und schwer oder gar nicht rational und durch Willen gesteuert werden kann.

Angsterleben ist ein komplexes Phänomen mit affektiven, körperlichen und kommunikativen Komponenten. Es ist das Paradigma für ein psycho-sozio-somatisches Gesamtgeschehen. Der eigentliche Angstaffekt macht dabei nur einen Teil des Ganzen aus. Im Allgemeinen ist er in ein umfassenderes psychisches Unwohlsein eingebettet, an dem Missstimmungen, Hoffnungslosigkeit, aber auch Wut, Aggression und andere Affekte beteiligt sind. Körperliche Reaktionen gehören als natürliche Begleiterscheinungen zum Angstaffekt hinzu. Es sind insbesondere eine erhöhte Reaktionsbereitschaft auf Sinnesempfindungen, Muskelanspannung, erhöhte Herzfrequenz und Blutdruckanstieg, Beschleunigung der Atmung, körperliche Unruhe, Zittern oder Schwindel, aber auch Übelkeit und Stuhldrang, Harndrang und vieles mehr. Angst äußert sich auch in einer Modulation des Stimmklanges und der Mimik. Bisweilen ist die aktuell empfundene Angst in eine breiter angelegte Ängstlichkeit eingebettet, also in eine Persönlichkeit, die durch eine erhöhte Bereitschaft geprägt ist, mit Angst zu reagieren.

Existenzielle Angst – eine Grunderfahrung des menschlichen Lebens

Angst ist ein Grundgefühl, das unabdingbar zum menschlichen Leben gehört. In ihrer umfassendsten Form richtet sie sich gegen alles Unbekannte: Das Nichtgekannte, Unheimliche wird als Bedrohung erlebt und erzeugt Angst. So wird die menschliche Entwicklung von Angst vor dem Nichtgekannten begleitet, welches das Leben auf unheimliche Weise umhüllt. Dabei geht es um das Unheimliche des Nicht-Seins, des Noch-nicht- oder Nicht-mehr-Seins. Dahinter steht die Angst vor dem Nichts und letztlich die Ahnung der Begrenztheit des scheinbar Ewigen, der Existenz, und die Vorahnung des Todes. Es geht aber auch um das Unheimliche des Unbewussten, um die Abgründe der Seele, die sich dem unmittelbaren Zugang und der direkten Erkenntnis entziehen.

Das ist der tiefere Sinn, wenn von Angst als *conditio humana*, als Grundphänomen des Lebens und Bedingung des Menschseins gesprochen wird. Sie ist der Preis für das Bewusstsein, das den dunklen Bereich des Unbewussten und Nicht-Gekannten wie eine kognitive Schale umhüllt, und die Konsequenz, die sich aus dem Bewusstsein der Existenz und ihrer Endlichkeit ergibt. Angst ist daher eine Bedingung des Menschseins. Hier sprechen wir von existenzieller Grundangst.

Existenzielle Angst wirkt als Motiv, die Bedrohung aus dem Unbewussten und aus der Endlichkeit und Begrenztheit abzuwenden. So wird sie zu einem bedeutenden Antrieb des menschlichen Lebens, ja – letztlich zur Entwicklung von Zivilisation und Kultur.

Situative Angst

Die Angst als Grunderfahrung menschlicher Existenz wird in den verschiedenen Stufen des Lebens an unterschiedliche Situationen gebunden, die als Gefahr erlebt und zum Angstauslöser werden. Bei der Angstauslösung handelt es sich um angeborene Reaktionsmuster, die der Vermeidung oder Bewältigung von Gefahren dient. Angst erhält dadurch einen situativen Bezug. Sie wird zur situativen Angst. Freud (1926) nannte sie Signalangst. Entwicklungsgeschichtlich betrachtet, ist die Signalangst ein Alarmsignal, das in bedrohlichen Situationen eine schützende Reaktion, z. B. Flucht oder Verteidigung hervorruft.

Situative Angst erhält durch die spezifischen Bedrohungen, in die sie eingesponnen ist, ihr manifestes Gepräge. So kennen wir Angst vor äußerer Bedrohung und Gefahr, vor dem Verlust der körperlichen oder seelischen Unversehrtheit oder Angst, wenn die Sicherheit oder das Leben bedroht sind. Angst begleitet Verlust und Trennung und Einsamkeit. Sie tritt auf, wenn Zugehörigkeit und Identität gefährdet sind. Angst signalisiert Schutzlosigkeit und entsteht, wenn wir gewohnte und schützende Beziehungen verlieren, vertrautes Terrain verlassen, vor unkalkulierbaren Herausforderungen stehen und neue Erfahrungen machen. Wir reagieren aber auch mit Angst, wenn wir in Konflikte verstrickt werden oder in neue Stufen der Entwicklung eintreten. Das sind nur einige der Angstsituationen, der jeder in irgendeinem Augenblick seines Lebens ausgesetzt ist.

Zu allen Zeiten sind Menschen kollektiv und individuell von Ängsten bedrängt worden. Viele Inhalte erhalten aber durch zeitspezifische Umstände ein eigenes Gepräge. So sind Atom- oder AIDS-Angst nur vor dem Hintergrund der aktuellen Gegenwart zu verstehen. Die Lebensgeschichte und Konstitution und die daraus resultierende Persönlichkeit, aber auch der soziale Kontext prägen zudem die Art und Weise, wie Angst sich im individuellen Leben manifestiert, wie sie wahrgenommen und ausgedrückt wird, wieweit sie ertragen werden kann und wie sie weiter verarbeitet wird.

Grundlagen von Angst

Die Ätiopathogenese von Ängsten ist komplex. Den Psychotherapeuten interessieren vor allem die psychologischen Wurzeln, wobei der psychoanalytische Zugang auf psychodynamische Prozesse zentriert ist. Es kann aber kein Zweifel daran bestehen, dass kognitionspsychologische, lerntheoretische und soziokulturelle Einflüsse sowie genetische und konstitutionelle Dispositionen an der Angstentstehung mitbeteiligt sind.

Für ein interdisziplinäres Angstverständnis sind neurobiologische Erkenntnisse grundlegend. Dabei stehen die Organisationsprozesse im Zentrum, die im limbischen System des Zwischenhirns und den neuronalen Verbindungen zur Hirnrinde (präfrontaler Cortex) lokalisiert werden und durch ein komplexes Zusammenwirken verschiedener Neurotransmittersysteme vermittelt werden. Die bedeutendsten sind das GABA[1]-, Noradrenalin-, Serotonin- und Glutamatsystem.

Heute wird die Amygdala (der Mandelkern) als Schaltzentrale für die Angstentstehung betrachtet. Sie ist grundlegend an der Entschlüsselung und Bewertung von Gefahrsituationen und der Aktivierung passender Abwehrreaktionen beteiligt. Entscheidend ist dabei der Vergleich mit früheren Erfahrungen, die im sogenannten Angstgedächtnis gespeichert sind, das der Amygdala zugeschrieben wird.

Angst und Kultur

Angst als existenzielles Erleben und selbstschützender Affekt hat die menschlichen Kulturen zutiefst geprägt. Religionen entstanden seit Ur-

---

1 Gamma-Aminobuttersäure

zeiten im Dienste der Bewältigung der existenziellen Grundangst. Rituale und religiöse Opfer sollten die Götter freundlich stimmen und das Unheimliche bändigen. Im Christentum wird die Existenzangst durch die Gemeinschaft mit Gott, die Geborgenheit in der Liebe Gottes und den Opfertod von Jesus Christus überwunden. Danach soll der Glaube die Angst besiegen.

Weite Bereiche der Kunst und Philosophie widmen sich diesem Thema. Ein großer Teil der Zivilisationsprozesse beruht auf dem Bestreben, kollektive Bedrohungen und Gefährdungen zu bändigen auf der Suche nach einem Leben mit möglichst wenig Angst. Mit dem Verblassen der Bedeutung des Christentums geriet die abendländische Welt allerdings in eine tiefe Krise, in der die Angst und das Bestreben, diese durch Hinwendung zu materiellen diesseitigen Werten zu bewältigen, immer mehr in den Vordergrund rückt.

Andererseits ist die abendländische Kultur mit ihren Verboten und Geboten, mit Hierarchien und Tabus eine ausgesprochene Angstkultur. Ihre gesellschaftlichen Institutionen, insbesondere Staaten und Kirchen, beruhen auf dem Prinzip des Machterhalts durch Unterwerfung, die durch Angst vor Benachteiligung, Ausschluss und Verfolgung, durch die Angst vor der Hölle und dem Fegefeuer, bis hin zur Bedrohung des Lebens, erzwungen wird. Die Folterungen in verschiedensten politischen Systemen, die Verbreitung von Terror, die Hexenverbrennungen der Gegenreformation und schließlich die Vernichtung ganzer Volksgruppen durch totalitäre und faschistische Regime sind dafür bedrückende Belege.

Angst und Bedrohung zu erzeugen, ist ein wirksames Mittel der Machtausübung auch in Unternehmen und der Beziehungsregulation in gesellschaftlichen Gruppen und Verbänden. Selbst in den Familien, die ja gemeinhin als Hort der Geborgenheit betrachtet werden, ist Angsterzeugung ein alltägliches Phänomen. Strafangst ist immer noch ein verbreitetes Mittel der Kindererziehung. Konformität hingegen wird mit relativer Angstfreiheit belohnt.

In dieser Kultur, die im Wesentlichen durch ein patriarchalisches Gesellschafts- und Wertesystem geprägt ist, wird Angsterleben absolut negativ bewertet und das Gegenstück, der Mut, glorifiziert. So finden wir in den abendländischen Mythologien von den Griechen bis in die Gegenwart, von Troja bis zu den Weltkriegen der Neuzeit glorreiche Schilderungen von furchtlosen Helden, für die es keine Angst gibt oder die ihre Angst besiegen. Angst widerspricht dem männlichen Ideal unerschrockener Stärke und Tapferkeit. Sie wird mit Feigheit assoziiert. Dass sie einem gesunden Selbstschutz dient und gesellschaftliche Solidarität stiftet, wird verleugnet. Sie wird schamhaft verborgen. Höchstens dem weiblichen Geschlecht wird sie zugestanden – und auch dort nur als Schwäche.

Diese Angst vor der Angst prägt das Männerbild und das männliche Rollenverhalten unserer abendländischen Welt und entbehrt damit einer gewissen Tiefe. Den Frauen fällt dabei oftmals die Rolle zu, das wahrzunehmen und zum Ausdruck zu bringen, was die Männerwelt verleugnet.

Erst die Katastrophen des 20. Jahrhunderts scheinen hier eine gewisse Veränderung zu bewirken. Mit einer kulturellen Neubewertung der individuellen Existenz und der realistischeren Einschätzung der destruktiven Folgen unserer Zivilisation scheint sich auch die Konnotation der Angst zu verändern und ihre kollektive Verleugnung zu vermindern. Möglicherweise stellen Auschwitz und Hiroschima, Tschernobyl, der 11. September und Fukushima die abendländische Welt vor Herausforderungen, die mit einer Neubewertung der Angst auch unser Menschenbild verändert.

Philosophische Beiträge zum Thema Angst

Die Tradition der Philosophie der Angst geht bis in die griechische Antike zurück. Zwar begriffen Platon und Aristoteles Angst als physische Reaktion. So kommt die Angst in Aristoteles' Werk *De anima* noch gar nicht vor. Bei den Stoikern hingegen galt Angst als ein unnatürliches Gefühl, das überwunden werden sollte. Das Ziel war dabei ein angstfreier Zustand, der mit dem Gefühl von Gelassenheit verbunden sei.

Der christliche Kirchenlehrer und Philosoph Augustinus (354–430) sah in der Angst eine der vier menschlichen Hauptleidenschaften. Er unterschied die niedrige Furcht vor Strafe von der höher bewerteten Furcht vor Schuld aus Ehrfurcht vor Gott. Für ihn war die Angst ein Gefühl, das durch das Getrenntsein von Gott entsteht und sich nur durch den Glauben wieder aufheben lässt.

Zentral wurde das Thema Angst für die abendländische Philosophie durch den Dänen Søren Kierkegaard (1813–1855), der als Erster in *Der*

Abb. 1: Der dänische Philosoph und Theologe Søren Kierkegaard führte in seinem Buch »Der Begriff der Angst« das Thema in die neuere abendländische Philosophie ein und unterschied dabei zwischen Angst vor dem Unheimlichen und gerichteter Furcht.

Begriff Angst (1844) zwischen Angst vor dem Unbestimmten und Furcht als Reaktion auf eine konkrete Bedrohung unterschied (▶ Abb. 1). Angst bezieht sich auf das Nichts. Sie ist ein Wesensmerkmal der menschlichen Willensfreiheit.

Für Kierkegaard waren Sünde, Angst und Freiheit unabdingbar miteinander verknüpft. In der Angst, gegen das Gebot Gottes zu verstoßen, erkennt Adam zugleich seine Willensfreiheit. Im Sündenfall wird diese Freiheit dem Niederen geopfert. Im Glauben kann die Freiheit durch Reue und Erlösung wiedergewonnen und die Angst überwunden werden.

Mit Kierkegaard wurde der Begriff der Angst zu einem Grundbegriff, der insbesondere die europäische Existenzphilosophie prägen sollte.

Für den deutschen Existenzphilosophen Martin Heidegger (1889–1976), der stark von Kierkegaards Ideen angeregt wurde, war Angst ein Grundgefühl, mit dem der Mensch der Endlichkeit der Existenz gewahr wird. In der Angst begegnet er der Gewissheit seines Todes. Heidegger prägte dafür den Begriff des Seins als ein »Sein zum Tode«. In dieser Grundbefindlichkeit wird das Dasein auf sich selbst »zurückgeworfen«. Sie ist eine Bedingung für die Möglichkeit, das Sein in seinem Wesen zu erfahren.

Auch im französischen Existenzialismus war Angst einer der zentralen Gegenstände. Jean Paul Sartre (1905–1980) stellte sie in einen engen Zusammenhang mit der Freiheit. Danach erfährt der Mensch mit der Angst das Bewusstsein seiner Freiheit, sein eigenes Sein negieren zu können. Deshalb ängstigt er sich letztlich vor sich selbst, wenn er sich in seiner Möglichkeit »zum Tode« erkennt.

Angst und Kunst

Das Thema Angst als ein zentrales menschliches Erleben hat auch in die Kunst Eingang gefunden und ihre Inhalte und neuerdings auch ihre Formen maßgeblich mitgeprägt. In der Musik sind es vor allem die großen religiösen Requien und Messen, in denen Angst und Verzweiflung sowie die Erlösung von der Angst durch den Glauben und den Opfertod Jesu Christi immer aufs Neue gestaltet wurden. Daneben stehen mit Kompositionen wie Peter Tschaikowskis Sinfonie *Pathétique* oder Benjamin Brittens *War Requiem* Werke, in denen sich dem Hörer Angst unmittelbar erschließt.

In der Literatur begründen die großen Epen von der Odyssee über die Siegfriedsage bis zur Parzivalerzählung eine Tradition von Heldenerzählungen, in denen die Überwindung von Angst implizit zum Ideal erhoben wird. Daneben steht aber auch immer die erlebte Angst als Thema der Erzählungen: so im Alten Testament die Geschichten von Daniel in der Löwengrube, Jona im Bauch des Walfischs, Josef, der in den Brunnen geworfen wird, und Abraham, der seinen Sohn Isaak opfern soll. Auch Jesus Christus wird am Kreuz von Angst überflutet, als er bittet, der Kelch möge an ihm vorübergehen.

In der neueren Literatur tritt die Darstellung von erlebter und durchlittener Angst in den Vordergrund. Fjodor Dostojewskij gestaltete im berühmten Traum des Raskolnikow ein eindrückliches Dokument individueller Angst.[2] Die Gedichte von Georg Trakl und Paul Celan sprechen deutlich die Sprache individueller Angst. Stefan Zweig machte sie in seiner Novelle von 1912 direkt zum Thema.[3] Literatur wurde nun aber auch zum Mittel, um Angst zu verarbeiten. Die Schriften von Wolfgang Borchert, in denen Hunger und Einsamkeit im kriegszerstörten Hamburg der Zeit nach dem Zweiten Weltkrieg nachgestaltet werden, sind dafür beispielhaft.

In der christlich-abendländischen darstellenden Kunst kam das Thema Angst über lange Zeit nur indirekt vor als Angst vor dem Bösen, das durch den Satan und Dämonen, durch die Verdammnis im Jüngsten Gericht und den Höllensturz des abtrünnigen Engels und andere Motive symbolisiert wurde, zumeist im Kontext mit der rettenden Erlösung der Gläubigen. In der Romanik und hochmittelalterlichen Gotik ist das Motiv des Jüngsten Gerichts mit der Verstoßung der Unwürdigen ein verbreiteter Schmuck von Kirchenportalen. Es finden sich an den Kathedralen aber auch skurrile Darstellungen von Dämonen. Diese Darstellungen sollten im Betrachter Angst schüren und ihn ermahnen, nicht vom rechten Weg des Glaubens abzuweichen.

Ab 1500 gab es eine zunehmende Zahl von Darstellungen des Höllensturzes in der Malerei, z. B. von Dürer über Rubens bis hin zu Delacroix. Die Warnung vor der Hoffertigkeit des Menschen kam ebenfalls ab 1500 vermehrt zum Ausdruck, z. B. mit Albrecht Dürers Holzschnitt *Die apokalyptischen Reiter*, die das selbstverschuldete Ende der Menschheit ankündigen (▶ Abb. 2).

Seit die Renaissance dem Ausdruck des Individuellen in der darstellenden Kunst Raum gab, entstanden immer mehr Werke, in denen auch der individuelle Angstausdruck zum Thema wurde. Die Krönung ist Michelangelos berühmtes *Jüngstes Gericht* um 1540 in der Sixtinischen Kapelle im Vatikan (▶ Abb. 3). Sie kann als ein Meisterwerk des vielfältigen individuellen Ausdrucks von Angst und Verzweiflung gelten, das weit über die mittelalterlichen Darstellungen hinausgeht.

Vor allem seit dem Expressionismus trat das Angst-Thema in den Werken der Künstler immer mehr in den Vordergrund. Beispielhaft verweise

---

2 Fjodor Dostojewskij (1866) Verbrechen und Strafe [Schuld und Sühne]. Neuausgabe als Fischer-Taschenbuch
3 Stefan Zweig (1912) Angst. Neuauflage als Fischer-Taschenbuch

1. Vorlesung Angst – Erscheinungen und Bedeutung

Abb. 2: Albrecht Dürer: *Die apokalyptischen Reiter* (1497/98). Das Ende der Welt wird durch menschliche Reiter eingeläutet als Symbol dafür, dass die Menschen selbst für ihr Ende verantwortlich sind. »Und ihnen wurde Macht gegeben über den vierten Teil der Erde, zu töten mit Schwert und Hunger und Pest und durch die wilden Tiere auf Erden.« (Apok. 6, 8)

ich auf Vincent van Goghs *Sternennacht* und auf Edvard Munchs *Schrei*, zwei Bilder, die Gestimmtheit in Gestalt und Farbe zum Ausdruck bringen, die unter dem Gefühl von existenzieller Bedrohung entsteht (▶ Abb. 4 und ▶ Abb. 5). Diese Werke sind vom Wandel des Zeitgeistes bestimmt, der von der Jenseitsorientierung abrückte und die irdische Existenz mit ihren Beschränkungen und Begrenzungen thematisiert.

Damit begann eine Entwicklung, die sich bis in die Gegenwart fortsetzt und das kulturelle Schaffen nicht nur in der bildenden Kunst, sondern auch in der Literatur und im Theater bestimmt. Angst als Motiv und

Angst und Kultur

Abb. 3: Ausschnitt aus Michelangelos *Jüngstem Gericht*, Sixtinische Kapelle im Vatikan, 1536–1541. Mit der Renaissance fand der Ausdruck von individueller Angst zunehmend Eingang in die abendländische gestaltende Kunst.

Erleben ist aus dem künstlerischen Schaffen nicht mehr wegzudenken. Es fällt aber auf, dass Angst heute seltener durch die Inhalte explizit zum Thema wird und sich immer häufiger implizit durch die Form ausdrückt: durch leere Räume, bizarre Formen, absurde Dialoge oder eine zerbrochene Sprache. Schwer erträgliche Theater-Inszenierungen mit gleichförmigen, entleerten Bühnenbildern, grau in grau gestalteten Kostümen, gleißendem Licht und sinnentleerter Gestik sind dafür beispielhaft.

1. Vorlesung Angst – Erscheinungen und Bedeutung

Abb. 4: Vincent van Gogh: *Sternennacht* (1896), Museum of Modern Art, New York. Dieses berühmte Bild entstand während des Aufenthaltes des Künstlers in der Nervenheilanstalt von St. Remy, wo er wegen einer akuten Psychose behandelt wurde. Es lässt für eine Fülle von Interpretationen Raum. Einigkeit besteht weitgehend, dass es die existenzielle Angst einer von Paranoia geschundenen Seele in bewegten Formen und überwältigenden Farben gestaltet.

Der Beitrag der Psychoanalyse

Zur veränderten Auffassung und Bewertung der Angst in der Neuzeit hat auch die Psychoanalyse Wesentliches beigetragen. Bei ihrem Bemühen, die Tiefendimensionen unserer Existenz und ihrer Störungen zu ergründen, hat sie dem Thema der Angst von Anfang an besondere Aufmerksamkeit gewidmet. Freud erkannte die Dynamik der verdrängten Angst als den Kern der Neurosenentstehung und des Kulturprozesses. Sein Interesse galt dabei besonders der Angst, die aus dem Inzesttabu und dem Ödipus-

Abb. 5: Edvard Munch: *Der Schrei* (1910), Munch-Museum Oslo. Das Motiv der Angst spielt in Munchs Werk eine bedeutende Rolle. Er gestaltete das »Geschrei der Natur« in mehreren Versionen. Der Schrei wurde zu einem Symbol des neuzeitlichen Lebensgefühls in einer Welt mit schwindender religiöser Bindung und zunehmender materialistischer Orientierung. In einem Kommentar dazu schrieb der Maler: »Ich war mit zwei Freunden zu Fuß unterwegs – die Sonne ging unter – plötzlich färbte sich der Himmel blutrot – ich hielt erschöpft inne und lehnte mich an einen Zaun – Blut und Feuerzungen zogen über den blau-schwarzen Fjord und die Stadt – meine Freunde gingen weiter, und ich stand da zitternd vor Angst – und ich spürte einen unendlichen Schrei durch die Natur gehen.«

komplex entsteht. Sie bildet, wie er in *Totem und Tabu* (1912/13) darstellte, aus seiner Sicht die Grundlage für die Entwicklung der Kultur und ihrer Gesellschaften.

In dieser Schrift gelangte er zu einer überraschenden Theorie der Entstehung menschlicher Gesellschaften. Er vertrat die Auffassung, dass sich die Angehörigen eines Stammes auf die Verehrung von Pflanzen und Dingen als gemeinsames Totem, eine Urform der Religiosität, einigen. Dadurch soll ein archaischer Vatermord gesühnt werden, wobei der getötete Vater im Totem weiterlebt. Auf diese Weise entsteht die Urform der Gesellschaft. Das Leben in dieser Gesellschaft wird von Tabus beherrscht, die er mit dem Verbot, den Vater zu töten, erklärte. Gesellschaft beruht danach letztlich auf dem Verbot des Vatermordes und der Angst davor.

In seinem Spätwerk entwarf Freud mit der Schrift *Hemmung, Symptom und Angst* (1926) die klassische Auffassung für das Verständnis psychisch bedingter Störungen. Nach ihm haben alle Schulen und Strömungen um ein erweitertes Verständnis der Angst, ihrer Entstehung, Manifestation und Verarbeitung gerungen und dazu Grundlegendes beigetragen. So kann die Theoriegeschichte der Psychoanalyse über weite Strecken als eine Geschichte der psychoanalytischen Angsttheorie gelesen werden.

Angst im klinischen Kontext

Realistische Angst

Wenn das Ich in Gefahrsituationen mit Angst reagiert, handelt es sich um einen schützenden Affekt, der realistisch erscheint, sofern er in seiner Intensität und Dauer auf den Angstanlass bezogen ist. Hier können wir von einer realistischen Angst sprechen, was man mit wirklichkeitsnah verdeutschen könnte. Freud (1916/17) sprach in diesem Zusammenhang hingegen von realer Angst und nahm dabei auf den Angstauslöser in der äußeren Realität Bezug. Allerdings ist auch die innere Welt im Erleben »real«, so dass diese Bezeichnung unpräzis erscheint.

Gefahrsituationen und Bedrohungen wirken traumatisch, solange es für ihre Bewältigung kein Vorbild gibt. Realistische Ängste sind daher in ihrer Dynamik zunächst traumatisch. Um sie unbeschadet zu überstehen und die Ängste in die Persönlichkeit zu integrieren, ist das Ich stark auf Unterstützung von außen angewiesen.

Überwundene Angstsituationen hinterlassen jedoch Erinnerungsspuren. Wenn nun später eine Wiederholung einer ähnlichen Gefährdung droht, dann entsteht schon im Vorfeld Angst als Signal. Sie veranlasst das Ich, sich vor der aufkommenden Gefahr zu schützen. Diese Signalangst ist die typische Angst im Alltag, die einem hilft, sein Leben zu bewältigen.

In der normalen Entwicklung wird Angst mit Unterstützung einer fördernden Umwelt in die Persönlichkeit integriert und dadurch neutralisiert. Bei Extremtraumatisierungen ist die Angstsituation bzw. der Angstaffekt hingegen so überwältigend, dass das Ich zusammenbricht. Die traumatische Angst wird dann zum Symptom einer posttraumatischen Störung. Hierbei handelt sich also um eine realistische Angst, die durch die überwältigenden Erfahrungen und die Dekompensation des Ichs fixiert worden ist.

Wann ist Angst normal?

Im Allgemeinen wird zwischen realistischer und pathologischer Angst unterschieden. Diese Unterscheidung ist problematisch – wie alle Versuche, die Grenze zwischen normal und abnorm bzw. krankhaft zu ziehen. Es handelt sich um fließende Übergänge, wobei soziale Normen und subjektive Wertungen ebenso zum Tragen kommen wie individuelle, vornehmlich konstitutionelle Unterschiede in Bezug auf die Tragfähigkeit für Angstaffekte und die Art der Affektäußerung.

Gemeinhin betrachten wir Ängste als normal, die im Zusammenhang mit objektiv vorhandenen Bedrohungen und Gefahren stehen und, bezogen auf den Anlass, für den Außenstehenden angemessen erscheinen. Dabei verweist die Bezeichnung »normal« darauf, dass diese Art der Angst nicht absonderlich erscheint und von einer Vielzahl von Menschen geteilt wird. Diese Art der Angstentwicklung setzt keine besondere psychische Disposition voraus.

In diesem Falle aktiviert die Wahrnehmung der Bedrohung unmittelbar den Angstaffekt. Je nach Ausmaß der Gefahr und konstitutioneller Angsttoleranz, also nach der Fähigkeit, Angst auszuhalten, wird das Erleben mehr oder weniger stark von Angst beherrscht – vom leichten Erschrecken bis hin zu heftigen und anhaltenden Panikzuständen. Diese werden allerdings abklingen, wenn die Betroffenen nicht mehr bedroht oder gefährdet sind.

Unbewusste Angst und Ängste als Symptom

Für die Neurosenentstehung ist eine besondere Art von Angst maßgeblich. Sie stammt aus der Dynamik von Konflikten und Krisen, die in jeder Entwicklung durchlaufen werden müssen. Sie kann als Konfliktangst oder Entwicklungsangst bezeichnet werden. Wenn diese Ängste nicht verarbeitet werden können, werden sie verdrängt und bestehen im Unbewussten fort. Sie können im späteren Alter wiederbelebt werden und bilden die Basis für die Entstehung von psychischen Störungen.

> **Kasten 1: Typische Konflikt- und Entwicklungsängste**
>
> - Ängste um die basale Sicherheit und Geborgenheit des frühen sensorischen Erlebens
> - Verfolgungs- und Verlassenheitsängste der Individuationsentwicklung
> - Verlust- und Trennungsängste sowie Ängste vor Liebesverlust der Autonomieentwicklung
> - Narzisstische und Fragmentierungsängste der Selbstentwicklung
> - Strafängste und Gewissensängste der ödipalen Entwicklung

Die unbewussten, aus der Entwicklung stammenden Ängste der neurotischen Störungen müssen von der bewussten Angst als Symptom psychischer Störungen unterschieden werden (▶ Abb. 6). Dabei ist zu bedenken, dass die verdrängten Ängste bei den meisten neurotischen Störungen nämlich durch die Symptombildung unbewusst gehalten werden. So steht z. B. ein Zwang häufig anstelle einer unbewussten Gewissensangst oder ein depressives Symptom anstelle einer verdrängten Trennungsangst.

Es gibt aber auch Störungen, bei denen die Bewältigung der ursprünglichen Konflikt- und Entwicklungsangst einen Prozess in Gang setzt, an dessen Ende wiederum Ängste stehen. Diese Störungen werden als Angststörungen bezeichnet, die prägenden Ängste als Angstsymptome.

Freud (1916/17) sprach in diesem Zusammenhang von neurotischer[4] Angst, wobei er auf verdrängte Konflikte als Hintergrund der Angstentstehung abhob. Die im engeren Sinne neurotischen Angststörungen entstehen durch die Wiederbelebung verdrängter unbewältigter Konflikte der Kindheit und die damit verknüpften unerträglichen Affekte, Phantasien und Impulse in spezifischen Auslösesituationen, in denen Versuchungen oder Versagungen eine Destabilisierung der Abwehr herbeiführen. Kurz gesagt, ist die Symptomangst hier eine Folge des Misslingens der Abwehr.

In Abgrenzung davon verstehen wir heute einen Teil der Angststörungen als Folge einer Strukturstörung mit einer verminderten Fähigkeit zur Angstverarbeitung. In diesen Fällen können wir von struktureller (Symptom-)Angst sprechen. Hier führen frühe Entwicklungsschäden zu Defiziten in der Ich-Entwicklung und zu Schwächen in der Ich-Struktur. Die Unfähigkeit zu Abwehroperationen in Belastungssituationen führt zur Überlastung der Ich-Funktion. Die strukturelle Angst entspringt in diesen Fällen der Wahrnehmung der Gefährdung des Ichs; sie ist letztlich die Angst vor dem inneren Zusammenbruch (Ermann 1984).

Angststörungen

In Abgrenzung von »normalen« Ängsten werden »unrealistische« Ängste gemeinhin als »krankhaft« betrachtet. Unrealistisch bedeutet dabei übermäßig stark und unangemessen in Bezug auf den Anlass, wobei der zeitliche Zusammenhang mit der auslösenden Gefahr verloren geht. Im Alltag spricht man auch von einer überzogenen Angst.

So erscheinen viele Tierphobien als unrealistisch und überzogen, z. B. Ängste erwachsener Personen vor kleinen Spinnen. So wäre auch eine anhaltende Angst vor Schlangen, die ohne nachvollziehbaren Anlass das

---

4 Der Begriff »neurotisch« bezeichnete zu Zeiten Freuds Phänomene und Erkrankungen, die auf einer Konfliktpathologie, d. h. auf verdrängten ungelösten Konflikten beruhen. In diesem Sinne wird er auch heute noch verwendet. In einem erweiterten Sinne werden heute jedoch alle psychoreaktiven Störungen als neurotisch bezeichnet, also Konfliktstörungen, narzisstische Störungen und Strukturstörungen – eine Unterscheidung, die zu Freuds Zeiten noch nicht bekannt war.

1. Vorlesung Angst – Erscheinungen und Bedeutung

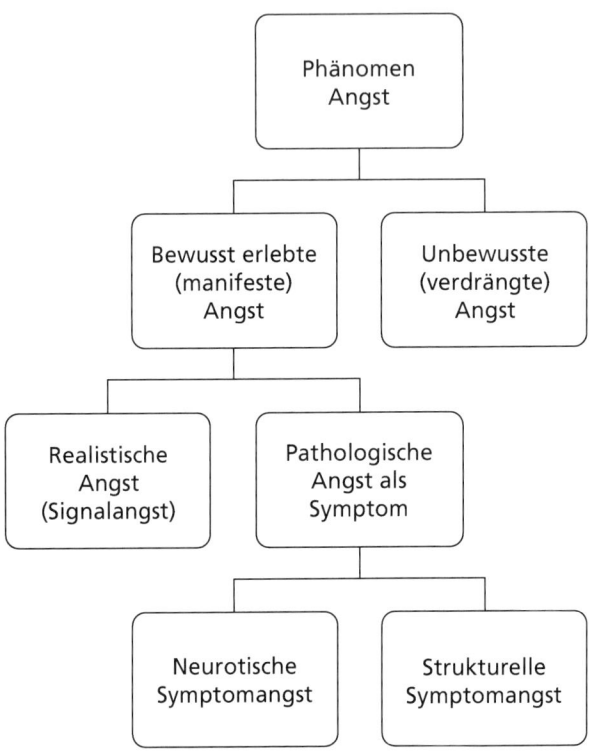

Abb. 6: Phänomenologie der Angst. Zu unterscheiden ist zwischen bewusster, manifest erlebter Angst und unbewusster, verdrängter Angst. Die manifeste Angst ist jedoch kein einheitliches Phänomen. Hier wird zwischen der realistischen Angst, insbesondere der Signalangst, und der pathologischen Angst als Symptom unterschieden und bei Letzterer wiederum zwischen neurotischer und struktureller Angst.

Einschlafen verhindert, in einer mitteleuropäischen Großstadt angesichts der geringen Chance, dort einer Schlange zu begegnen, schwer nachvollziehbar.

Solche Ängste gelten auch in der wissenschaftlich begründeten Betrachtung als pathologisch. Sie sind die Leitsymptome einer Gruppe von Krankheiten, die heute als Angststörungen bezeichnet werden, während früher unter Bezugnahme auf die zugrunde liegende Konfliktpathologie die Bezeichnung Angstneurosen gängig war. Sie verweisen auf pathologische psychische Prozesse, die ihre Basis bilden.

Angststörungen treten in drei Formen in Erscheinung:

- als Panik, d. h. allgemeine oder »frei flottierende«, ungebundene Angst als Leitsymptom der generalisierten und panischen Angststörungen,
- als phobische Angst, die an bestimmte Angstsituationen oder Angstobjekte gebunden ist und die phobischen Angststörungen kennzeichnet,
- und als hypochondrische Angst, die den eigenen Körper bzw. das eigene Aussehen zum Inhalt hat.

Diese Angstmanifestationen prägen klinische Bilder, die in der nachfolgenden Tabelle zusammengestellt sind (▶ Tab. 1).[5]

Tab. 1: Angstsymptome und Angststörungen (aus Ermann 2007, S. 209)

Symptome	Syndrome
• **Panik** Ungebunden, frei flottierend, diffus, anfallsartig oder chronisch	→ **Diffuse Angststörung** Panikattacken Generalisierte Angststörung
• **Phobie** Gebunden, auf Objekte oder Situationen bezogen	→ **Phobische Angststörung** Situationsphobie Soziale Phobie Isolierte Phobie
• **Hypochondrie** Besorgnis um die eigene Gesundheit, Angst vor Krankheiten, auf den Leib projizierte Angst	→ **Hypochondrische Angststörung** Krankheitsphobie Dysmorphophobie

---

5 Vgl. dazu auch die Klassifikation nach ICD-10 in der 6. Vorlesung

Angstbindung

Die Fähigkeit zur Angstbindung, d.h. Angst so zu organisieren, dass sie eine feste Bindung an eine angst-auslösende Situation bzw. ein bedrohlich erlebtes Objekt erhält, ist ein Zeichen von Ich-Stärke und typisch für Angststörungen, die auf unbewussten Konflikten (Konfliktpathologie) beruhen. Sie ist weitgehend an Sprache und Begriffe und an einen reiferen Gedächtnismodus gebunden, der mit dem zweiten Lebensjahr entsteht und als explizit-deklarativ bezeichnet wird. Phobische Angst findet man daher vornehmlich bei einem mittleren und höheren Strukturniveau.[6]

Die Überflutung des Erlebens mit diffuser Angst ist dagegen ein Anzeichen für ein schwaches Ich auf der Basis einer strukturellen Entwicklungsstörung (Strukturpathologie). Es verfügt nicht über hinreichende begriffliche »Gedächtnisspuren«. Diffuse Ängste sind daher meistens strukturelle Ängste. Sie sind für Borderline-Störungen charakteristisch. Ähnliche Zustände kommen auch vor, wenn das Ich durch Traumatisierung oder starke Belastungen geschwächt ist, d.h. im Rahmen von posttraumatischen Störungen, bei denen es zu einer Ich-Regression mit Schwächung der Ich-Funktionen gekommen ist, oder bei länger chronifizierten Störungen, bei denen die angstbindende Kapazität erschöpft ist.

Kasten 2: Angsthierarchie als Ausdruck von Ichstärke (nach Eckhardt-Henn u.a. 2004)

- Angst vor Ich-Zerfall
- Existenzangst
- Generalisierte Angst
- Hypochondrie (Krankheitsangst)
- Angst vor Ausgeliefertsein (Agoraphobie)
- Angstanfälle (Panikattacken)
- Isolierte Phobien

---

6 Die Strukturdiagnostik der Angststörungen wird in der 6. Vorlesung erläutert.

Diese Zusammenhänge erlauben es, eine Angsthierarchie aufzustellen, bei der als ein Pol die Angst vor dem Ichzerfall, d. h. »verrückt« zu werden, als am geringsten gebundene Angst erscheint, und als der andere Pol die isolierten Phobien, z. B. in Form einer Schlangenphobie (▶ Kasten 2).

Pathogenese der Angststörungen

Wie einleitend zu diesem Abschnitt besprochen, beruhen Ängste des Alltags im Allgemeinen auf dem Erlebnis von Gefahren und bedrohlichen Situationen. Hier handelt es sich also um realistische Angst. Sie mag eine gewisse Zeit nachklingen, vergeht dann aber, wenn die Gefahr vorüber und das Erlebnis verarbeitet ist.

Solche Ängste können allerdings ein erhebliches Ausmaß annehmen und über längere Zeit bestehen bleiben. Das hängt von der Art und Intensität der Belastungen ab, die als Bedrohung erlebt werden. Zumeist entwickeln sich weitere Symptome wie Schlafstörungen und depressive Verstimmungen. Aus der Alltagsangst wird dann eine Angststörung. Sofern diese als eine Folge von äußeren psychosozialen Belastungen verständlich wird und keine weitere spezifische Disposition beteiligt ist, sprechen wir von einer reaktiven Angststörung.

Bei diesen Störungen ist die Belastung beispielsweise durch Verlusterlebnisse, ein Todesfall in der Familie, Trennungen, Probleme am Arbeitsplatz oder Erkrankungen offensichtlich und zumeist gut nachzuvollziehen. Die Reaktion erscheint dem Anlass angemessen und bleibt auf ihn bezogen. Insofern ist sie »normal«. Es erscheint auch plausibel, dass die Betroffenen von der Situation überfordert sind und sie nur langsam und schrittweise verarbeiten können und dabei auch Unterstützung und Hilfe brauchen. Im Allgemeinen klingen die Angst und die übrigen Symptome ab, wenn das belastende Ereignis verarbeitet worden ist und in der Erinnerung verblasst.

Allerdings geschieht das nicht immer. Wenn solche Ängste chronifizieren, dann entsteht die Frage, weshalb diese Erfahrungen das Bedrohliche nicht im Laufe der Zeit verlieren, sondern fixiert werden und die Bedrohlichkeit im Laufe der Zeit sogar zunimmt und auf andere Angstauslöser ausgedehnt wird. Die Antwort ist, dass die ursprünglichen Angsterlebnisse bedrohliche unbewusste Phantasien wiederbelebt haben. Die vermeintliche realistische, zunächst als rein reaktiv betrachtete Angst erweist sich nun als pathologische Symptomangst. Jetzt wird erkennbar, dass sie zur Ableitung innerseelischer Spannungen dient. So mag eine Pferdephobie – wie im Fall von Freuds (1909) berühmter Krankengeschichte des »kleinen Hans«[7] – für konflikthafte Erfahrungen mit dem ödipalen Vater stehen, die auf das Pferd projiziert wurden, dem der Bub tatsächlich begegnet war.

Das gilt besonders für posttraumatische Angst. Sie zählt formal betrachtet zu den reaktiven Ängsten, unterscheidet sich aber durch die Intensität der Bedrohung, die zu bewältigen ist. Wie bereits erwähnt, wird in diesen Fällen eine zunächst realistische Angst fixiert, weil das Ich unter der Wirkung der überwältigenden Erfahrung einer Extremtraumatisierung zusammenbricht und nicht mehr zur Angstbindung in der Lage ist. Dieser Zusammenbruch hat natürlich Auswirkungen auf die gesamte Persönlichkeitsorganisation, so dass die posttraumatischen Ängste meistens in ein umfassendes schweres Krankheitsbild eingebunden sind.

Im Gegensatz zu den reaktiven und posttraumatischen Angststörungen gibt es bei den meisten durch Ängste gekennzeichneten Krankheitsbildern aber gar keine erkennbare Situation, in der es reale bedrohliche Erfahrungen gegeben hat. Die schon erwähnte nächtliche Schlangenphobie wäre dafür ein gutes Beispiel. In diesen Fällen beruht die Symptomangst ausschließlich auf unbewussten Phantasien und Konflikten, narzisstischen Problemen oder auf einer Strukturpathologie. Dabei wird die Dekompensation durch persönlichkeitsspezifische Konflikte oder im Rahmen struktureller Überforderungen ausgelöst.

Ursprünglich ging die Psychoanalyse von der Vorstellung aus, dass es eine spezifische Ätiopathogenese der verschiedenen Angsterkrankungen gäbe. Sie ging von einer Spezifität der Verarbeitung der unbewussten Hintergrundängste aus, wie wir am Beispiel von Freuds (1909) Fallgeschichte des »kleinen Hans« in der 2. Vorlesung sehen werden. Diese Auffassung erwies sich später als unzutreffend. Heute wissen wir, dass Angststörungen sehr verschieden begründet sein können. Als Konsequenz daraus betrachten wir heute das strukturelle Entwicklungsniveau der Per-

---

7 ▶ 2. Vorlesung

sönlichkeit und den Angstauslöser als Ansatzpunkt für die Diagnostik und Behandlung und nicht mehr die Art der Angstmanifestation. Das wird Gegenstand der 5. Vorlesung sein.

Bei der Weiterverarbeitung der pathologischen Ängste kann die Wahrnehmung sich bei einer entsprechenden Disposition auch weitgehend oder ganz auf die körperlichen Angsterscheinungen einengen und Krankheitsbilder hervorrufen, die als Somatisierungsstörungen[8] bezeichnet werden. Darauf kann hier nicht näher eingegangen werden.

---

8 Früher »psychovegetative Störungen«. Vgl. auch Ermann (2004)

2. Vorlesung
Angst, der Trieb und das Ich

Freuds Erbe

Biografie und Werk

Freud wurde 1856 in Freiberg (Příbor) in Mähren geboren. Als Wissenschaftler war er ursprünglich am Modell einer positivistischen Naturwissenschaft orientiert, d. h. an einer Methodik, die darauf ausgerichtet war, materielle Befunde zu erfassen und rational zu erklären. Er arbeitete zunächst als Physiologie-Assistent an der Universität Wien. Sein Lehrer war Ernst Wilhelm von Brücke, ein Darwinist und Antivitalist, der lehrte, es gäbe »im Organismus keine Kräfte als physikalisch-chemische«. Nach der Tätigkeit in der Neurophysiologie und klinischen Neurologie wurde Freud Dozent für Neuropathologie an der Wiener Universität.

Angeregt durch ein Stipendium in Paris in der Neurologie bei Jean-Martin Charcot, dem bedeutenden Hysterie-Forscher seiner Zeit, wandte er sich 1885 dem Studium der Psychopathologie zu und eröffnete 1886 eine neuropsychiatrische Praxis in Wien. Dort widmete er sich gemeinsam mit dem erfolgreichen Hypnotiseur Joseph Breuer vor allem der Behandlung der Hysterie und entwarf zusammen mit ihm ein Konzept, das die Entstehung von Neurosen auf unterdrückte sexuelle Triebwünsche zurückführte. Es bildet den Kern seiner Libidotheorie, die er 1895 in den berühmten *Studien über Hysterie* veröffentlichte.

Ab 1896, nach dem Tod seines Vaters, begann er eine Selbstanalyse, die zur Entdeckung des Ödipuskomplexes führte. In dieser Zeit entstand seine erste Angsttheorie. 1900 veröffentlichte er die *Traumdeutung* als das zentrale Manifest der Psychoanalyse. Es handelt sich um die erste systematische Theorie des individuellen Unbewussten. Damit gewann er Schüler und gründet die »psychoanalytische Bewegung«. Mit den *Drei Abhandlungen zur Sexualtheorie* (1905) lenkte er das Augenmerk darauf, dass bereits im Kindesalter sexuelle Regungen vorhanden sind. 1910–1915 veröffentlichte er seine »Technischen Schriften«. Darin beschrieb er die Grundlagen der psychoanalytischen Behandlungstechnik.

Ab etwa 1910 kam es zu einem Umbruch in seinem Denken. Er ersetzte seine Triebtheorie durch ein erstes ich-psychologisches Konzept. Dieses führte zu einem Umbau des Gebäudes der Psychoanalyse, der in den Schriften *Zur Einführung des Narzissmus* (1914), *Jenseits des Lustprinzips* (1920), *Das Ich und das Es* (1923) und *Hemmung, Symptom und Angst* (1926) Niederschlag fand.

Sein Alterswerk ist vor allem mit Schriften zur Kultur und Gesellschaft geprägt. Kurz nach Beginn des Zweiten Weltkrieges starb er am 23. September 1939 im Exil in London.

Modelle des Psychischen

Als Freud 1939 starb, hinterließ er ein überwältigendes Werk. Es hat drei Schwerpunkte, die miteinander in enger Beziehung stehen:

- die Theorie der Psyche im Sinne der Normalpsychologie und der Psychopathologie,
- die Psychotherapie
- und die psychoanalytische Sozial- und Kulturtheorie.

Im Zusammenhang mit dem Thema der Angstkonzepte interessiert besonders Freuds psychoanalytische Theorie. Es finden sich in seinem Werk zwei Versionen, eine frühe vor 1915 und eine späte aus den Jahren danach.

Die frühe Version entstand ab etwa 1895 und ist in Freuds berühmtem Opus magnum *Die Traumdeutung* (1910) enthalten. Im siebten Kapitel dieses Buches legte er die erste in sich geschlossene Theorie des Unbewussten vor. Er beschreibt dort in Anlehnung an das physikalisch-physiologische Denken des 19. Jahrhunderts die Seele als einen psychischen Apparat, der durch Energien gesteuert wird. Diese Energien nennt er Libido.

Sie stammen aus Trieben, die im Wesentlichen eine biologische Grundlage haben.

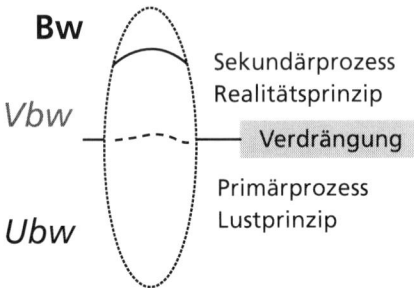

Abb. 7: Das topische Modell der Psyche, das im 7. Kapitel der *Traumdeutung* (1900) vorgelegt wird (aus Ermann 2009, S. 16).

Der bedeutendste Teil der psychischen Prozesse ereignet sich in einem Bereich der Seele, der dem bewussten Erleben nicht zugänglich ist und den Freud das Unbewusste (das System Unbewusst) nannte. Diesem Bereich stehen die Vorgänge im Bewussten gegenüber. Dazwischen nahm er einen Übergangsbereich an, den er das Vorbewusste nannte. Diese drei Begriffe, das Unbewusste, das Vorbewusste und das Bewusste, markieren die Orte – *topos* – seelischer Prozesse. Freud sprach daher vom topischen Modell der Psyche (▶ Abb. 7).

Das Unbewusste wird durch die Verdrängung vom Vorbewussten und Bewussten getrennt gehalten. Die Verdrängung stellt also eine Bewusstseinsschranke dar. Freud nahm an, dass die Inhalte des Unterbewusstseins, also unbewusste Vorstellungen und Phantasien, durch Verdrängung entstehen. Er sprach vom »dynamischen« Unbewussten.

Die zentralen Motive, die Verdrängungen bewirken, sind Liebes- und Hassgefühle und die damit verbundenen inzestuösen und Tötungswünsche, die in der Kindheit auf die Eltern gerichtet werden, und vor allem die damit verbundene Angst. Diese Vorstellungen bilden als Ödipuskomplex nach Freud den Angelpunkt der kindlichen Entwicklung. Letztlich erklärt er Neurosen aus der Verdrängung des Ödipuskomplexes.

Die zweite, spätere Version der psychoanalytischen Theorie entstand zwischen 1915 und 1925. Sie ist in einer Reihe von Schriften enthalten, von denen die bedeutendsten unter dem Titel *Das Ich und das Es* (1923) und *Hemmung, Symptom und Angst* (1926) erschienen sind.

Er sprach nun nicht mehr von verschiedenen Bereichen oder Orten des Seelischen, sondern beschrieb einen »Psychischen Apparat« als Zusammenwirken von drei Instanzen. Diese nannte er das Es, das Ich und das Über-Ich (▶ Abb. 8). Dabei ist das Ich der Vermittler zwischen den psychischen Instanzen und der äußeren Realität. Ihre Erlebnisqualität beschrieb er in den Dimensionen bewusst, vorbewusst und unbewusst. Das Modell, das er über Jahre hin erarbeitete, nannte man daher das Struktur- oder Instanzenmodell. Mit diesem Konzept rückte das Ich in das Zentrum des psychoanalytischen Interesses.

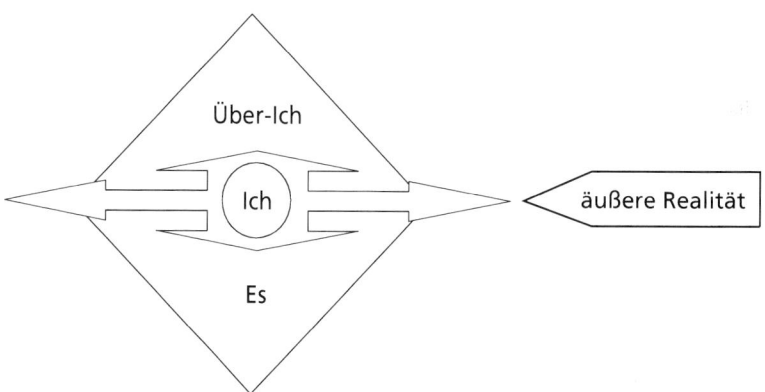

Abb. 8: Strukturmodell der Psyche nach Freuds Auffassung in *Das Ich und das Es* (1923).

Parallel zur Veränderung der Konzeption des psychischen Apparates baute Freud seine Triebtheorie um. Die beiden Veränderungen entstanden inhaltlich allerdings unabhängig voneinander. War er anfänglich in den *Drei Abhandlungen zur Sexualtheorie* (1905) von einer reinen Sexualtheorie ausgegangen, so entwarf er nun ein dualistisches Triebkonzept, das verschiedene Versionen durchlief und in dem er neben den Sexualtrieben nun auch die Aggression als triebhaftes Erleben anerkannte. Dieses Modell erhielt schließlich in der Schrift *Jenseits des Lustprinzips* (1920) mit dem Dualismus zwischen Lebens- und Todestrieb, Eros und Thanatos, seine letzte Fassung.

Freuds Angsttheorien

In Freuds Werk spielt das Thema Angst eine zentrale Rolle. Bei all seinen Schritten zur Entwicklung der Psychoanalyse hat er damit gerungen. Im Zusammenhang mit unserem Thema sind seine Arbeiten *Das Ich und das Es* (1923) und *Hemmung, Symptom und Angst* (1926) die wohl bedeutendsten. In diesen Arbeiten verabschiedete er sich von einer ursprünglich somatisch-biologisch orientierten Angsttheorie, die ich kurz skizzieren will, und wendet sich einer rein psychologischen zu.

Freuds frühes biologisches Angstkonzept

Freuds ursprünglicher Zugang zum Psychischen war durch den naturwissenschaftlichen Positivismus der Helmholtz-Schule geprägt, den ihm sein Lehrer Ernst-Wilhelm von Brücke vermittelt hatte. Kernstück dieser Sichtweise war die Idee, dass alle Prozesse im Organismus auf physikalisch-chemische Kräfte zurückzuführen seien. Aus dieser Perspektive hatte er um 1895 zunächst die Theorie entwickelt, dass Angstneurosen »das Produkt einer somatischen Ursache im Organismus« seien und auf einer gehemmten Entladung der somatischen Erregung beruhen. Damit beschrieb er Angst als ein sehr körpernahes Phänomen, engte es allerdings auf sexuelle Erregung ein: »Der Mechanismus der Angstneurose [ist] in der Ablenkung der somatischen Sexualerregung vom Psychischen und einer dadurch verursachten abnormen Verwendung dieser Erregung zu suchen« (1985).

Unter dem Begriff Angstneurosen fasste Freud in seiner wegweisenden Arbeit *Über die Berechtigung, von der Neurasthenie einen bestimmten Symptomenkomplex als »Angstneurose« abzugrenzen* (1895) einen Symptomenkomplex zusammen, der durch Angstanfälle, Erwartungsangst oder zumindest eine anhaltende Ängstlichkeit sowie durch multiple Somatisierungsstörungen, vor allem im Herz-Kreislauf-Bereich, gekennzeichnet ist. Wir würden heute am ehesten eine generalisierte Angststörung oder vielleicht auch eine Herzneurose diagnostizieren.

Dieses Krankheitsbild war für ihn um 1895 durch eine Schwächung des Nervensystems verursacht, die er auf eine Störung im gegenwärtigen Sexualverhalten der Patienten zurückführte. Er stellte kategorisch fest, dass die Angstsymptome bei diesen Störungen »keine psychische Ableitung« zulassen. Stattdessen machte er eine »Anhäufung von Erregung« für die Symptomatik verantwortlich. In *Sexualität in der Ätiologie der Neurosen* stellte er dar, dass ein Stau der Libido, wie er »zum Beispiel durch einen Coitus interruptus, Abstinenz bei lebhafter Libido, sogenannte frustrane Erregung u. dgl.« (1898) entstehen könne, die Symptomangst hervorruft. Sie beruht danach auf der »Ablenkung der somatischen Sexualerregung vom Psychischen und eine dadurch verursachte abnorme Verwendung dieser Energie« (1895) – also auf somatisch begründeter sexueller Erregung, die keine adäquate Abfuhr findet.

Es ist erstaunlich, dass Freud, der sich in dieser Zeit um 1895 mit der psychischen Bedingtheit seelischer Störungen und deren Verwurzelung in der Kindheit befasste, die psychologischen Bedingungen für das von ihm als abnorm betrachtete Sexualverhalten nicht näher betrachtete (▶ Abb. 9). Da er keine besondere psychische Disposition annahm, waren Angstneurosen für ihn damals auch nicht psychotherapeutisch behandelbar.

Von den somatogenen Angstneurosen unterschied er psychologisch begründete Neurosen, die er 1898 »Psychoneurosen« nannte. Dazu zählte er neben den Zwangsneurosen und der Hysterie vor allem die andere bedeutende Form von Angststörungen, die Phobien. Sie hätten ihre Ursache im Gegensatz zu Angstneurosen in der Vergangenheit, und zwar in früher verdrängten ungelösten Konflikten und Traumatisierungen. Im Gegensatz zu den Angstneurosen sind die Ängste bei der Phobie ein Produkt der frühen sexuellen Traumatisierung, also psychologisch begründet. Es besteht eine strukturelle Ähnlichkeit zur damals sogenannten Hysterie (Konversionsneurose), weshalb Freud 1908[9] auch vorschlug, von Angsthysterie zu sprechen, und diese Bezeichnung auch selbst verwendete.

Auch nachdem er die Theorie früher sexueller Traumata in einem wegweisenden Brief an seinen Freund Wilhelm Fließ vom 21.9.1895 eingeschränkt hatte, blieb der Verweis auf »Momente früher infantiler Natur«

---

9 Zuerst gegenüber Wilhelm Stekel als Vorschlag zur Angstsystematik in dessen Buch *Nervöse Angstzustände und ihre Behandlung* (1908), siehe auch Freud 1909

2. Vorlesung Angst, der Trieb und das Ich

Abb. 9: Sigmund Freud um 1898, zur Zeit des Entwurfs seiner ersten (somatischen) Angsttheorie (© akg-images). Ausschnitt aus dem bekannten Freundschaftsbild mit Wilhelm Fließ, das als Titelbild für ihren Briefwechsel (1950) verwendet wurde.

– gemeint sind verdrängte infantile Sexualwünsche – für das Verständnis der Phobien als Beispiel für Psychoneurosen für ihn leitend. Den Unterschied gegenüber der Hysterie sah er darin, dass die »aus dem pathogenen Material durch die Verdrängung entbundene Libido [bei der Phobie] nicht konvertiert wird, sondern als Angst frei« (1909, S. 349).

Freuds späteres psychodynamisches Angstverständnis

Erst 20 Jahre später unterzog er seine Erklärung der Angstneurosen einer Revision. Er konstatierte in der 25. seiner *Vorlesungen zur Einführung in die Psychoanalyse* (1916/17), dass auch die Symptomangst immer ein Produkt verdrängter infantiler libidinöser Triebregungen ist: Während die Vorstellung des Triebzieles unter dem Druck des Gewissens oder der äußeren Realität verdrängt wird, werde der Affekt der libidinösen Triebregung in

Angst umgewandelt. Angst als Symptom ist demnach nun für Freud immer ein Produkt einer verdrängten Triebregung. Sie ersetzt die sexuelle Erregung. Damit galt auch für die Genese der Angstneurosen – ebenso wie für die der Phobien – das Konzept einer neurotischen Triebangst, die durch die Verdrängung unbefriedigter Triebwünsche entsteht.

Damit gab Freud um 1916 seine ursprünglich dualistische Angsttheorie – die Unterscheidung von somatogenen Angstneurosen und psychogenen Phobien – zugunsten eines einheitlichen psychologischen Angstverständnisses beider Angstformen auf.

Der »kleine Hans« als paradigmatischer Fall

Wegweisend für die Auffassung der Angststörungen als Psychoneurosen ist Freuds Fallgeschichte des »kleinen Hans« aus dem Jahre 1909.

> Es ist die Geschichte eines fünfjährigen Jungen, der auf dem Höhepunkt seiner ödipalen Entwicklung eine Pferdephobie entwickelt hatte und deshalb das Haus nicht mehr verlassen konnte. Freud behandelte ihn indirekt, in dem er vor allem den Vater beriet. Er richtete sein Interesse dabei auf Details, »wie ich jetzt erfuhr, dass ihn besonders geniere, was die Pferde vor den Augen haben, und das Schwarze um deren Mund… [Es] schoss mir ein weiteres Stück der Auflösung durch den Sinn, von dem ich verstand, dass es gerade dem Vater entgehen konnte. Ich fragte Hans […] ob er mit dem Schwarzen um den ›Mund‹ den Schnurrbart [des Vaters] meine, und eröffnete ihm dann, er fürchte sich vor seinem Vater, eben weil er die Mutter so lieb habe. Er müsse ja glauben, dass ihm der Vater darob böse sei, aber das sei nicht wahr.«
>
> In einer geistreichen Analyse führte er die Pferdephobie des Buben auf eine ödipale Kastrationsangst zurück. Anlass dazu war, dass die Mutter den Buben bei der Masturbation ertappt hatte und ihm drohte, den »Wiwimacher« von einem Arzt abschneiden zu lassen. Mit der Kastrationsangst wurde nun ein ödipaler Triebwunsch, ein Verlangen nach der Mutter, sowie die Eifersucht auf den Vater abgewehrt, der das Verlangen nach der Mutter störte. Hinzu kam eine Eifersucht auf die neugeborene Schwester.

> Freud beschrieb in seiner Fallgeschichte minutiös die pathogenetischen Prozesse, mit denen die Kastrationsangst in die Pferdeangst umgewandelt und auf diese Weise verhüllt wird. So kam er zu dem Ergebnis, dass die Pferdephobie durch eine Verkehrung des ödipalen Wunsches, d. h. des Wunsches nach der Mutter, in eine Angst und die Verschiebung vom Liebesobjekt Mutter auf das Angstobjekt Pferd, das stellvertretend für den Vater stand, zustande gekommen war. Das eigentliche Triebziel, nämlich das Begehren der Mutter, sei dabei der Verdrängung verfallen.

Diese Fallgeschichte, übrigens die erste publizierte familientherapeutische Intervention der Psychotherapiegeschichte, hat aus heutiger Sicht vor allem einen wissenschaftshistorischen Wert, indem hier erstmals eine Phobie *en detail* einer Analyse unterzogen und pathogenetisch entschlüsselt wird. Freuds Auffassung erscheint aus heutiger Sicht allerdings unbefriedigend. Seine Zentrierung auf den Ödipuskomplex lässt die Trennungsängste des Jungen, die reale Kastrationsdrohung der Mutter und die schwache Position des Vaters als bedeutende konstitutive Faktoren der Störung außer Acht, so dass sich der Verdacht aufdrängt, der Fall demonstriert mehr die Anwendung der damaligen Freud'schen Theorie, als dass sie diese belegt.

Allerdings unterzog Freud seine Fallgeschichte Jahre später einer Revision, nachdem er die Angst in seiner zweiten Angsttheorie als Motiv für Verdrängungen erkannt hatte. Er betrachtete die Kastrationsangst jetzt als Motiv für die Verdrängung des Ödipuskomplexes, d. h. des Konfliktes zwischen der Liebe zum Vater und den mörderischen Impulsen gegen ihn (1926).

Freuds zweite Angsttheorie

Eine grundsätzliche Wende brachten die bereits erwähnten Texte von 1923 und 1926. Die entscheidende Frage war nun, was denn die Verdrängung *bewirkt*, die zur Manifestation von Angst bei den Angststörungen führt. Hier gelangte Freud zu der Auffassung, dass die Verdrängung selbst bereits eine Folge von Angst sei, allerdings einer Angst, die unbewusst ist. Wie im Abschnitt »Angst im klinischen Kontext« dargelegt, gilt es hier also, zwischen der Angst als Symptom und der unbewussten Angst als dem psychodynamisch wirksamen Faktor bei der Verdrängung zu unterscheiden.

Nun erkannte er, dass die unbewusste Angst des Ichs vor den Ansprüchen der Libido das eigentliche Motiv bzw. der Motor für die Verdrängung ist. Damit distanzierte er sich von seiner früheren Auffassung, dass Symptomangst aus der Verdrängung der Libido hervorgehe.

Das Primäre war nun für ihn die »Angsteinstellung des Ichs« (1926). Sie bewirkt eine Verdrängung mit dem Ziel, die unbewusste Angst im Ich zu mindern. Dabei ging Freud davon aus, dass das Ich in der unbewussten Angst eine Gefahr und eine Bedrohung verspürt, die durch die Erinnerung an infantile Konflikte und Triebansprüche hervorgerufen wird. In diesem Zusammenhang fällt dann der für die weitere Entwicklung entscheidende Satz: »Das Ich ist also die eigentliche Angststätte« (1926).

Das ist, kurz gefasst, der Kern der zweiten Angsttheorie, die Freud insbesondere in *Hemmung, Symptom und Angst* (1926) elaboriert hat. Sie ist allen Psychoanalytikern als Grundidee vertraut. Wir betrachten Symptombildungen im Rahmen der Konfliktpathologie, gleichgültig ob es sich um Symptomängste oder andere Symptome wie z. B. Zwänge oder körperliche Störungen handelt, als Folge einer Verdrängung von Konflikten unter dem Einfluss unbewusster Konfliktängste. Die ursprüngliche Vorstellung, dass die gehemmte oder verdrängte Libido direkt in Angstaffekte oder andere Symptome transformiert wird, spielt dabei keine Rolle mehr. Auch in der weiteren Entwicklung der Psychoanalyse wird sie keine Bedeutung mehr haben.

Diese zweite Angsttheorie markiert einen entscheidenden Einschnitt in der Entwicklung der Psychoanalyse. Freud konzipierte, wie schon angedeutet, jetzt nämlich das Ich als eigentliche und einzige Stätte des Angsterlebens (▶ Abb. 10). Diese Angsttheorie ist damit zwangsläufig an die Strukturtheorie gebunden, die er mit der Arbeit *Das Ich und das Es* (1923) eingeführt hatte. Mit dieser Theorie hatte er selbstkritisch die Konsequenz daraus gezogen, dass die Unterscheidung zwischen den Bereichen Bewusst, Vorbewusst und Unbewusst die Fülle klinischer Erfahrungen, vor allem bei der Behandlung von Angststörungen, nicht hinreichend erklären konnte. An die Stelle dieser topischen Unterscheidung, die er in der *Traumdeutung* (1900) getroffen hatte, erklärte er die Entstehung von Neurosen nun im

Instanzenmodell aus der Dynamik zwischen dem Ich, dem Es, dem Über-Ich und der äußeren Realität (▶ Abb. 8).

Abb. 10: Freud um 1925 in der Zeit der Arbeit an seiner zweiten Angsttheorie (© akg-images).

Später nannte er in der *Neuen Folge der Vorlesungen* (1933) die äußere Realität, das Es und das Über-Ich die »drei Zwingherren« des Ichs und schrieb: »Wenn man die Anstrengungen des Ichs verfolgt, ihnen gleichzeitig gerecht zu werden, … kann man nicht bereuen, dieses Ich personifiziert, es als ein besonderes Wesen hingestellt zu habe. Es fühlt sich von drei Seiten her eingeengt, von dreierlei Gefahren bedroht, auf die es im Falle der Bedrängnis mit Angstentwicklung reagiert.«

Für die Angsttheorie ergab sich daraus die Unterscheidung (▶ Abb. 11) zwischen

- *exogener Realangst,* die aus Gefahren *von außen* herrührt,
- *Triebangst,* die *im Es* ihre Wurzeln hat und auch als Es-Angst bezeichnet werden kann,

- und *Gewissens-, Straf- oder Kastrationsangst,* die sich aus dem *Über-Ich* nährt und daher auch Über-Ich-Angst genannt werden kann.

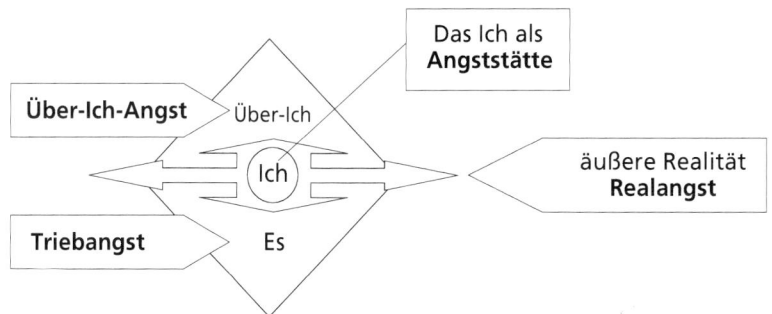

Abb. 11: Freuds zweite Angsttheorie in Bezug zum Strukturmodell der Psyche

Die Angst, die Freud (1926) dabei aufgrund seiner Annahme der zentralen Funktion des Ödipuskomplexes besonders interessierte, war die Kastrationsangst beim Mann bzw. die Angst vor Liebesverlust bei der Frau. Die von Otto Rank (1924) in das Zentrum gerückte Geburtsangst bleibt hingegen für ihn zweitrangig. Er blieb diesem Konzept gegenüber zwiespältig. Einerseits nahm er an, dass Angst vor Trennung bei der Geburt, also letztlich eine existenzielle Urangst, für die Neurosenentstehung nicht relevant sein könne, weil die Mutter im Intrauterinleben als Objekt noch keine wesentliche Rolle spiele, weil – wie er glaubte – »es damals noch gar keine Objekte gab« (1926). Andererseits nahm er eine traumatische Urangst an, die er mit der Geburtsangst in Verbindung brachte und die er strukturell als Vorbild für spätere Angsterfahrungen ansah.

So betrachtete er spätere Ängste wie die Trennungs- oder Kastrationsangst als Erbe der ersten traumatischen Trennungserfahrungen. Auf diese Weise gelangte er zu einer entwicklungspsychologisch begründeten Angsthierarchie (▶ Tab. 2).

Kasten 3: Mechanismen der Angstabwehr nach Anna Freud (1936)

- **Rationalisierung:** Nachträgliche Begründung einer Handlung durch vernunftmäßiger Erklärung. Der ursprüngliche Grund liegt im Unbewussten und wird durch die Rationalisierung unbewusst gehalten.
- **Verdrängung:** Vorstellungen, die Angst machen, werden unterdrückt und vergessen. Die Verdrängung wird aktiv aufrechterhalten, um die »Wiederkehr des Verdrängten« und der Angst davor zu verhindern.
- **Reaktionsbildung:** Negative Gefühlsregungen, die Angst machen, werden durch Überbetonung des Gegenteils unterdrückt und kontrolliert, z. B. chaotische Vorstellungen durch besondere Genauigkeit.
- **Affektisolierung:** Bei Erinnerungen, die mit bedrohlich erlebten Affekten verbunden sind, wird der Affekt von der Vorstellung abgelöst und verdrängt. Die Erinnerung erscheint dann wie ausgestanzt und berührt den Betroffenen nicht.
- **Ungeschehen Machen:** Eine Vorstellung wird durch eine spätere aufgehoben. So kann eine sadistische Vorstellung durch Mitleid ungeschehen gemacht werden.
- **Verleugnung:** Die emotionale Wahrnehmung von bedrohlichen Vorstellungen wird abgeschwächt und ihre Bedeutung verändert: Überwältigende Angsterlebnisse sind dann »gar nicht so schlimm«.
- **Projektion:** Eigene Vorstellungen werden anderen Personen zugeschrieben, so dass diese verändert wahrgenommen und erlebt werden. Dadurch werden sie im eigenen Innern entschärft.
- **Wendung gegen das Selbst:** Impulse werden gegen das eigene Selbst gerichtet statt zielgerecht gegen andere. Auf diese Weise entstehen autoaggressive Haltungen und Handlungen.
- **Introjektion:** In der unbewussten Vorstellung wird der andere einverleibt, so dass der Unterschied nicht mehr so stark spürbar wird. Vorform der Identifikation.

- **Regression:** Rückbewegung auf eine bereits überwundene Entwicklungsposition zur Vermeidung von bedrohlichen Konflikten. Die Betroffenen werden wieder wie kleine Kinder und funktionieren auch so (z. B. Einnässen).

Tab. 2: Angsthierarchie und psychosexuelle Phasen nach Freud (1926)

»Unreife« Phase	Psychische Hilflosigkeit	Urangst
Orale Phase	Entwöhnungstrauma	Angst vor der Trennung von der Mutter
Anale Phase	Hergabe libidinös besetzter Körperinhalte	Verlustangst
Phallisch-genitale Phase	Kastrationsdrohungen	Verletzungs-, (Kastrations-Angst)
Latenz	Bewertung durch das Über-Ich	Über-Ich-Angst

Der Paradigmenwechsel von der Trieb- zur Ich-Psychologie

Mit seiner Auffassung, dass die zentrale Motivation für psychodynamische Prozesse im Angsterleben des Ichs zu suchen ist, fokussierte er sein weiteres Verständnis der Psychopathologie und der Behandlungstheorie ab 1923 auf das Ich. Damit vollzog er einen Paradigmenwechsel, den ersten der Psychoanalyse, indem das Interesse sich nun zunehmend auf das Ich und seine Mittlerfunktion zwischen dem Es, dem Über-Ich und der äußeren Realität konzentrierte. Diesen Schritt kann man als den Wechsel von der Triebpsychologie hin zur Ich-Psychologie betrachten.

Noch zu seinen Lebzeiten hat seine Tochter Anna Freud (▶ Abb. 12) an diesen Ansatz angeknüpft und das Ich zum Gegenstand weiterführender Überlegungen gemacht. Dabei hat sie sich besonders mit der Funktion der Angstabwehr beschäftigt. Zum 80. Geburtstag widmete sie ihrem Vater

1936 das Buch *Das Ich und die Abwehrmechanismen*. Darin beschrieb sie eine Reihe von Mechanismen, mit denen Angst organisiert und bewältigt wird (▶ Kasten 3). Weil ein Zuviel an ursprünglich nützlicher und schützender Angst ihre Bewältigung verhindern kann, muss zu viel Angst mit Hilfe dieser Mechanismen kompensiert werden. Letztlich vollendete sie mit diesem Ansatz die Angsttheorie ihres Vaters auf dem Boden seiner Konfliktlehre und baute diese weiter aus.

Abb. 12: Anna Freud, hier mit Sigmund Freud auf dem Weg ins Exil in London 1938 (© akg-images). Mit ihrem Buch das *Ich und die Abwehrmechanismen* vollendete sie 1936 die ich-psychologische Wende und die zweite Angsttheorie ihres Vaters.

Ausblick

Wenn man Freuds Angstkonzepte überblickt, fällt auf, dass sie sich auf der vergleichsweise vordergründigen Ebene seiner Konflikttheorie bewegen. Selbst das *Unheimliche* erscheint ihm in einer Arbeit von 1919 als ein Produkt der Verdrängung libidinöser Triebwünsche, hinter dem sich das »Altbekannte, Längstvertraute« (1919) verbirgt. So glaubte er, dass es im Unbewussten keine Todesangst gibt: »Im Unbewussten ist aber nichts vorhanden, was unserem Begriff der Lebensvernichtung Inhalt geben kann« (1926). Damit blieb die tieferliegende, existenzielle Dimension der

Angsterfahrung verborgen. Darauf hat Egon Fabian (2010) in seinem Buch *Anatomie der Angst* nachdrücklich hingewiesen.[10]

Dagegen erreicht Freuds Werk mit der Annahme des Todestriebes in der Schrift *Jenseits des Lustprinzips* (1920) eine existenzielle Dimension. Sie ist von ihm jedoch nicht mit dem Phänomen der Angst in Verbindung gebracht worden. Das blieb Wilfred Bion vorbehalten, der 50 Jahre später, wie wir in der 3. Vorlesung sehen werden, mit dem Konzept der namenlosen Angst direkt auf Freuds Todestrieb Bezug nahm.

Angst aus Sicht der Ich-Psychologie

Indem Freud die Bedeutung des Ichs als zentrale Regulationsinstanz erkannt hatte, stieß er eine Entwicklung an, die, vor allem in den USA zwischen 1930 und 1960, aber in den Jahren nach dem Zweiten Weltkrieg auch in Deutschland, den Hauptstrom der Psychoanalyse bestimmte. Dabei waren es vor allem die vor den Nazis in die USA emigrierten Analytiker, die diese Strömung weiterentwickelten.

Es war vor allem Heinz Hartmann, der über den Ansatz von Sigmund und Anna Freud hinausging. Er beschrieb autonome Funktionen des Ichs und Anpassungsprozesse, die nicht unmittelbar der Abwehr dienen. Mit seiner Schrift *Das Ich und das Anpassungsproblem*, die 1939 erschien, eröffnete er eine Entwicklung, die dann nach seiner Emigration in die USA zum zentralen Thema der amerikanischen Ich-Psychologie wurde.

Heinz Hartmann und sein Ansatz einer Ich-Psychologie

Hartmann wurde 1894 in Wien geboren und stammte aus einer sehr gebildeten Familie. Sein Vater war Geschichtsprofessor, seine Mutter Bildhauerin. Seine psychoanalytische Ausbildung absolvierte er in den 1920er

---

10 Seite 71 ff

Jahren in Berlin bei Sándor Radó und später bei Freud. Radó, der seinerseits ein enger Mitarbeiter von Freud war, arbeitete ab 1931 in New York an der Entwicklung einer naturwissenschaftlich orientierten Ich-Psychologie. Während Radó mit seinem biologistischen Ansatz in eine gewisse Isolation geriet, wurde Hartmann mit seinen Ideen zu einer Leitfigur der amerikanischen Psychoanalyse, nachdem er 1938 vor den Nazis ebenfalls nach New York emigriert war. Er starb 1970 in der Nähe von New York.

Zu Hartmanns bedeutenden Mitarbeitern gehörten Ernst Kris (1900–1957), der zunächst Kustos am Kunsthistorischen Museum in Wien war, und Rudolf Loewenstein (1898–1976), der als polnischer Jude in der französischen Armee gegen die Nazis gekämpft hatte. Als »begnadetes Trio« haben diese drei Männer die amerikanische Psychoanalyse nach dem Zweiten Weltkrieg nachhaltig befruchtet und mitgestaltet.

Das Interesse der von Hartmann geprägten Ich-Psychologie konzentrierte sich vorrangig auf die Entwicklung und die Funktionen des Ichs, und zwar nicht nur in Hinblick auf die Konfliktverarbeitung, sondern auch auf die konfliktfreien Sphären des Lebens, d. h. auf die Anpassung an die Forderungen der äußeren Realität. Während Freud die Auffassung vertreten hatte, dass sich das Ich durch Konflikt-Exposition aus dem Es entwickelt, war Hartmann der Meinung, dass es bereits bei der Geburt in einer undifferenzierten Ich-Es-Matrix angelegt ist, aus der es sich im Verlauf der normalen Reifungsprozesse und durch die Anpassung an die Umwelt entwickelt und weiter ausformt.

Mit der konfliktfreien Ich-Sphäre beschrieb er Funktionen, die der Anpassung an die Umwelt dienen. Er nannte diese Funktionen Apparate der primären Ich-Autonomie. Dazu gehören besonders kognitive, vermittelnde, schützende und autonome Funktionen. Diese Funktionen sind für die Realitäts- und Lebensbewältigung unentbehrlich. Sie entwickeln sich aus der undifferenzierten Matrix unter dem Einfluss der Triebe und der äußeren Realität.

Das Angstkonzept der ich-psychologischen Schule

In Bezug auf die Angst bezog die Ich-Psychologie sich auf Freuds zweite Angsttheorie mit der Unterscheidung der drei Grundängste, die in der äußeren Realität, im Es und im Über-Ich ihren Ursprung haben. Dabei betonte sie die Bedeutung von Triebängsten aus dem Es, Ängsten also, die sich auf physiologisch vorgegebene, triebhafte Vorgänge im Organismus beziehen, also auf instinktgesteuertes Erleben. Hingegen bestritten sie auf der Basis der Annahme einer primären undifferenzierten Ich-Es-Matrix, die noch gar keine Differenzierung zwischen Selbst und Objekten zulasse (Hartmann 1964), die Existenz früher objektgerichteter Ängste. Damit grenzte die Ich-Psychologie sich dezidiert von den Angstkonzepten der Schule von Melanie Klein (▶ 3. Vorlesung) ab, die etwa zur gleichen Zeit vor allem in England Verbreitung fanden.

Besondere Bedeutung hat für die amerikanischen Ich-Psychologen die Angst vor dem Verlust von Ich-Funktionen, also letztlich eine psychotische bzw. eine Regressionsangst, die zur völligen Lähmung des Ichs führen kann. Hingegen bewirkt eine hinreichend entwickelte Ich-Stärke, dass Angst und Bedrohungen ausgehalten und Gefahren bewältigt werden können, so dass eine relative Angstfreiheit entsteht.

Letztlich dienen aber auch die Anpassungsprozesse, die in der Ich-Psychologie so viel Aufmerksamkeit finden, der Verminderung oder Vermeidung von Angst. Sofern diese Funktionen der Anpassung an die Forderungen der äußeren Realität dienen, umgehen sie die Angst, die durch die Nichtangepasstheit entstehen würde. Man kann wohl annehmen, dass die von Freud konzipierten Ängste, die in der äußeren Realität ihren Ursprung haben, durch Anpassungsleistungen neutralisiert werden. Diese Funktion findet allerdings in Hartmanns Schriften wenig Beachtung.

Schließlich gelangte Hartmann zur Differenzierung zwischen Ich und Selbst:

- Das Ich bezeichnet weiterhin die von Freud eingeführte psychische Instanz.
- Das Selbst ist bei Hartmann (1950) dagegen ein übergreifendes psychisches System und wird dem Es und dem Über-Ich gleichgestellt. Es bezieht sich auf die eigene Person, im Gegensatz zu den Objekten. Dieses Selbst entsteht im Wesentlichen aus Identifikationen. Die zugehörigen Vorstellungen, die sich in verschiedenen Bereichen des Bewusstseins niederschlagen, bilden die Selbstrepräsentanz.

Diese Überlegungen erwiesen sich als überaus fruchtbar. Sie bilden den Ausgangspunkt der Selbst-Psychologie, die später in den 1970er Jahren vor allem von Heinz Kohut ausgebaut wurde und in den intersubjektiven Ansatz der Psychoanalyse mündete (▶ 4. Vorlesung).

Empirische Untersuchungen

Abschließend zu diesem Abschnitt sei kurz erwähnt, dass die ich-psychologischen Konzepte in den 1950er Jahren zur empirischen Überprüfung durch die klinische und experimentelle Säuglingsforschung angeregt haben. René Spitz und die Arbeitsgruppe von Margaret Mahler waren dafür Vorreiter (▶ 4. Vorlesung). Sie entdeckten zahlreiche infantile Ängste wie die Achtmonatsangst (Spitz 1965) oder psychotische Ängste (Mahler 1968), die ein Licht auf die Frühentwicklung warfen.

3. Vorlesung
Angst und Objektbeziehung

Die Idee einer Objektbeziehungstheorie

Die Freud'sche Psychoanalyse und auch die daraus weiterentwickelte Ich-Psychologie betrachten die Psyche als ein mehr oder weniger in sich geschlossenes System. Zwar konzipierte Freud die Triebe als Regungen, die auf andere, die sogenannten Objekte, ausgerichtet sind. Er sprach, z. B. in den *Drei Abhandlungen zur Sexualtheorie* (1905), von Triebzielen. Die Objekte traten in seiner Betrachtung aber ganz zurück, während die vom Trieb gesteuerten intrapsychischen Prozesse für ihn Vorrang hatten.

Der Begriff Objekt wird in der Psychoanalyse in Anlehnung an den Subjekt-Objekt-Dualismus des französischen Philosophen René Descartes (1596–1650) verwendet. Er bezeichnet das Gegenüber, also den anderen. Das Objekt ist jedoch ebenso eine Person wie das Subjekt. Descartes beschrieb das Subjekt als den Wahrnehmenden, das Objekt als den Wahrgenommenen. In diesem Sinne übernahm Freud den Begriff Objekt für das Ziel des Triebes.

Zur Entwicklung der Objektbeziehungstheorie haben vor allem zwei Trends in der Psychoanalyse beigetragen:

- Der eine war die Etablierung der Kinderanalyse seit den 1920er Jahren, die – entgegen der Skepsis von Freud – insbesondere in Wien durch August Aichhorn, Siegfried Bernfeld, Anna Freud und Hermine von Hug-Hellmuth und in Berlin durch Melanie Klein angestoßen wurde. Anregungen dazu waren übrigens von Sándor Ferenczi ausgegangen. Man richtete das Interesse in diesem neuen Anwendungsfeld der Psychoanalyse verstärkt auf die frühen Beziehungen der Kinder zu ihren

Pflegepersonen und erarbeitete dafür nach und nach eine theoretische Grundlage.
- Der zweite Trend war die Erweiterung des psychoanalytischen Behandlungsspektrums ab 1940, das nun mehr und mehr sogenannte frühe Störungen einbezog, so dass es nahe lag, die Interaktionen in der Frühzeit der Entwicklung neu zu durchdenken.

Damit rückte die frühe Beziehungsgestaltung in das Zentrum der Betrachtung. Man sprach in Anlehnung an Descartes und Freud von Objektbeziehungen. Es waren nun nicht mehr nur die Triebe als solche und aus der Trieb-Umwelt-Spannung entstehenden intrapsychischen Konflikte, die im Mittelpunkt der Betrachtung standen, sondern die zwischenmenschlichen Beziehungen und Erfahrungen, die von Anfang an die Entwicklung eines Menschen bestimmen. Diese Sichtweise wurde zur Grundlage der Objektbeziehungstheorie.

Man kann sagen:

- Freud dachte von den Trieben her, die sich auf Objekte als Triebziele richten.
- Die Objektbeziehungstheorie zentriert dagegen auf die Beziehungserfahrungen, die u. a. auch von Trieben motiviert sind. Sie nimmt an, dass Erfahrungen aus frühen Beziehungen sich als innere Objekte niederschlagen, die das Erleben prägen und Motivationen schaffen.

Dieser Ansatz wird von dem ungarisch-englischen Analytiker Michael Balint als Zwei-Personen-Psychologie bezeichnet und der ursprünglichen Ein-Personen-Psychologie der Freud'schen Konzeption gegenübergestellt.

Melanie Klein

Die Anstöße zur Entwicklung der Objektbeziehungstheorie gingen vor allem von Melanie Klein aus, die bald nach dem Ersten Weltkrieg mit der Behandlung von Kindern begonnen hatte und 1932 in dem Buch *Die Psychoanalyse des Kindes* ihre Entdeckungen aus dieser Arbeit mitteilte. Sie eröffnete damit ganz neue Wege für die Psychoanalyse. Ihr Ansatz wurde von ihr in London weiter ausgearbeitet. Er fand dort rasch Anhänger und nahm bedeutenden Einfluss auf die weitere Entwicklung der Psychoanalyse. Heute ist er die Basis des psychoanalytischen Denkens geworden.

Biografisches

Melanie Klein wurde 1882 als Tochter einer Arztfamilie geboren (► Abb. 13). Sie war ein ungewolltes und ungeliebtes Kind. Sie verlor zwei ihrer drei Geschwister im Kindesalter. Mit 21 heiratete sie, unterbrach ihr Studium in Wien und zog in die Provinz, wo zwei ihrer Kinder geboren wurden. 1910 zog die Familie nach Budapest. Dort wurde ihr drittes Kind geboren.

1913, nachdem ihr erstes Kind und bald darauf ihre Mutter gestorben waren, begann sie wegen Depressionen eine Analyse bei Sándor Ferenczi. Dieser regte sie an, sich in der Kinderanalyse zu engagieren, die damals noch ganz in den Anfängen steckte. 1919 berichtete sie vor der ungarischen psychoanalytischen Gesellschaft erstmals über ihre Arbeit mit Kindern, wobei sie die Beobachtungen zugrunde legte, die sie an ihrem Sohn Eric, genannt Fritz, gemacht hatte. Bald darauf verließ sie Budapest wegen des dort herrschenden Antisemitismus und begab sich 1921 nach Berlin. Nach ihrer Scheidung begann sie dort eine zweite Analyse bei Karl Abraham.

Nach Abrahams Tod ging sie 1926 nach London. Dort gewann sie rasch Anhänger und entwickelte ihre Ideen zu einer Theorie der Objektbeziehungen weiter und gründete die Kleinianische Schule, die ab etwa 1935 entstand. Sie starb in London 1960 im Alter von 78 Jahren.

Abb. 13: Melanie Klein (1882–1960) entwickelte aus ihrer Arbeit mit Kindern die Grundlagen der neueren Objektbeziehungstheorie (© Wellcome Library, London).

Das Kleinianische Entwicklungskonzept

Melanie Kleins Arbeiten zur frühen Entwicklung des Kindes sind ihr bedeutendster Beitrag zur psychoanalytischen Theorie. Nach ihrer Auffassung bilden Erfahrungen eine innere Welt, die für den Menschen genauso real ist wie die Außenwelt. Danach werden angeborene unbewusste Phantasien unter dem Einfluss von Beziehungserfahrungen zu inneren, d. h. phantasmatischen Objekten verarbeitet. Diese stellen allerdings kein einfaches Abbild der frühen Bezugspersonen und der Erfahrungen mit ihnen dar, sondern sie sind das Ergebnis von Veränderungen unter dem Einfluss von sadistischen Trieben und Phantasien und den Verarbeitungsmechanismen, die je nach dem Entwicklungsstand der psychischen Organisation unterschiedlich sind. Auf diese Weise erscheinen die inneren Objekte durchaus verschieden von den Bezugspersonen der äußeren Welt.

Da zumindest am Anfang des Lebens sadistische Triebe vorherrschen[11], erscheinen sie grausamer und verfolgender.

Innere Objekte bewahren ihr Eigenleben. Sie agieren intrapsychisch wie reale Objekte der Außenwelt. Man kann mit ihnen verschmelzen (Identifikation), sie ausstoßen (Projektion) und sie in andere hineinprojizieren (projektive Identifikation). All das geschieht in der psychoanalytischen Behandlung in der Übertragung, die von Klein als eine Manifestation des aktuellen Unbewussten verstanden wird und nicht – wie bei Freud – als Abbild einer wiederbelebten früheren Beziehung.

Anfangs werden Einzelerfahrungen verinnerlicht. Dadurch werden unbewusste Phantasien zu sogenannten Teilobjekten ausgestaltet. So entsteht zum Beispiel unter der Einwirkung der Sättigung beim Stillen das unbewusste Teilobjekt einer »guten Brust«. Die anfängliche innere Welt besteht also aus nicht weiter miteinander verbundenen Teilobjekten. Diese werden später zu »ganzen« Objekten verbunden und es werden weitere Objekte verinnerlicht. Damit verändert sich die innere Welt.

Der Übergang von der Welt der Teilobjekte zur Welt der integrierten, ganzheitlichen Objekte ist der Angelpunkt des Klein'schen Entwicklungskonzeptes. Er markiert den Übergang zwischen den beiden Positionen, welche die seelische Struktur der frühen Entwicklung prägen. Melanie Klein bezeichnet diese als »paranoid-schizoide« und »depressive« Position.

Sie sind dadurch gekennzeichnet und unterschieden, wie sich das Kind mit seinem in Entwicklung befindlichen Ich unter dem Einfluss von Liebe und Hass mit seinen primären Bezugspersonen in Beziehung setzt. Hier schließt Melanie Klein an Freuds letzte Triebtheorie an. Liebe entsteht unter dem Einfluss des Eros, des Lebens- (bzw. Liebes-) Triebes, Hass unter dem Einfluss des Todestriebes. Entscheidend für ihr Konzept der Objektbeziehungstheorie ist aber, dass sie die Einbettung des Trieberlebens in Beziehungen untersucht und nicht den Trieb als solchen.

---

11 Deutsch in: Klein M (1962)

Melanie Kleins Konzepte der Angst

Melanie Klein hat sich ihr ganzes wissenschaftliches Leben lang intensiv mit der Frage der Angst beschäftigt. Dabei betrachtete sie die Angst nicht nur in ihrer Funktion als Motor für die Entstehung psychoneurotischer Erkrankungen, sondern auch in ihrer »überragenden Bedeutung für die Ich-Entwicklung« (1932). In *Neid und Dankbarkeit* schrieb sie resümierend: »Ich habe meinen Umgang mit der Angst häufig als zentralen Aspekt meiner Technik beschrieben« (1957).

Dabei ging sie von Freuds ich-psychologischer Angsttheorie aus. Der wesentliche Unterschied zwischen ihrer und seiner Auffassung liegt darin, dass sie die Angst, zumindest ab 1932, vorrangig im Kontext mit der Aggression und dem Destruktionstrieb betrachtete, während für Freud die libidinösen Triebe der maßgebliche Bezugspunkt auch für seine Angsttheorie blieben. Für Klein war die Aggression eine unmittelbare Äußerung des Todestriebes, den Freud (1920) in seiner Arbeit *Jenseits des Lustprinzips* in sein Werk eingeführt hatte. Sie entwickelte dieses Konzept wohl am konsequentesten von allen Psychoanalytikerinnen und Psychoanalytikern weiter und vertrat die Auffassung, dass Angst in der »Furcht vor Vernichtung« wurzelt: »Ich ... entwickelte die Hypothese, dass Angst durch die Gefahr erregt wird, die dem Organismus durch den Todestrieb droht ...; dass Angst in der Furcht vor dem Tode wurzelt« (1948).

In ihren frühen Arbeiten *Frühstadien des Ödipuskomplexes* (1928) und *Die Psychoanalyse des Kindes* (1932) kam sie zu einer damals völlig innovativen Auffassung der frühkindlichen Entwicklung, die den Beginn des Ödipuskomplexes bereits im ersten Lebensjahr ansiedelte. Er sei eine Reaktion auf die Entwöhnung von der Brust und die dabei entstehende orale Frustration. In Hinblick auf die Angstentstehung war die Wut gegen das versagende Objekt für sie leitend. Diese wird projiziert und ruft im Ich die früheste Angst hervor, nämlich die Angst, vom introjizierten Objekt aufgefressen und zerstört zu werden. Diese Angst wird zum Kern der Entwicklung eines frühen Über-Ichs. Durch die Kontamination mit sadistischen Phantasien, in denen sie eine Manifestation des Todestriebes sah, wird es ein »beißendes, fressendes, schneidendes« (Klein 1928).

Die frühe Form der Über-Ich-Angst, also der Gewissens- und Strafangst, ist demnach die Angst vor oralen Angriffen des verinnerlichten Objekts, ihr Ursprung ist der orale Sadismus des Subjekts. In der früheren der beiden erwähnten Arbeiten führte sie diesen vor allem auf orale Triebfrustrationen zurück, in der späteren auf eine unmittelbare Manifestation des Todestriebes. In der noch späteren Arbeit *Der Ödipuskomplex unter dem Aspekt früher Angstsituationen* (1945) sah sie schließlich die Ambitendenz zwischen libidinösen und destruktiven Triebimpulsen als die eigentliche Angstursache an, worin sich ihr bekanntes Konzept der »guten« und der »bösen« Brust ankündigt.

Ausführlich erörterte Klein (1932) den Mechanismus der Angstbewältigung. Sie nahm an, dass ein Teil der Triebregung zur Abwehr gegen den anderen Teil mobilisiert wird. Dadurch kommt es zu einer Spaltung im Es, wobei die destruktiven Triebregungen auf das Objekt verschoben werden. Die innere Triebgefahr wird dadurch zur äußeren. Damit erhalten die frühen Objektbeziehungen eine bedeutende Funktion für die Abwehr archaischer Ängste. Diese scheinen nun nicht mehr, wie bei Freud, nur im Dienste der Triebbefriedigung zu stehen, sondern auch der Angst- und Aggressionsabwehr zu dienen.

Für das weitere Angstverständnis war eine theoretische Neuerung maßgeblich, die wie kaum eine andere das Konzept der Kleinianischen Schule prägen sollte: die Einführung spezifischer Entwicklungspositionen in den Arbeiten *Zur Psychogenese der manisch-depressiven Zustände* (1935) und *Bemerkungen über einige schizoiden Mechanismen* (1946). In diesen Arbeiten differenzierte Klein das frühe Angsterleben vor dem Hintergrund der Welt der inneren Teilobjekte und Objekte, mit denen das Subjekt in einer unmittelbaren Interaktion steht, als handele es sich um Objekte der Außenwelt.

- *Die paranoid-schizoide Position* ist eine Welt der polaren Teilobjekte, in der eine unbändige archaische und destruktive Dynamik durch Spaltung, Projektion, Identifikation und projektive Identifizierung strukturiert und beherrscht werden soll. In dieser Welt ist das Kind immensen Verfolgungsängsten ausgesetzt, vor denen es sein Selbst und seine guten inneren Objekte in Sicherheit bringen muss.
- *Die Welt der depressiven Position*, die sich später entwickelt, ist ganz anders angelegt. In ihr werden die ambitendenten Gefühlsregungen und das Teil-Erleben des Selbst und der Objekte zu komplexeren Einheiten in-

tegriert. Diese Welt wird durch depressive Verlustängste, manische Abwehr, Schuldgefühle und Wiedergutmachungswünsche beherrscht.

Mit dem Übergang ändert sich also auch der Charakter der leitenden Angst. Aber auch in der depressiven Welt wüten Angriffe auf das Objekt, welche die eigentliche depressive Angst begründen, nämlich die, das gute Objekt zu verlieren. Als Abwehr kann auch in dieser Position auf Spaltungsmechanismen zurückgegriffen werden, so dass die schizoid-paranoide Position wiederbelebt wird und die archaischen Verfolgungsängste sich wieder verstärken.

Kommentar

Soweit die Ideen von Melanie Klein zur Angst. Wenn man sie mit denen der damals vorherrschenden Psychoanalyse vergleicht, dann tritt vor allem der enge Bezug zwischen Angstentwicklung und der frühen Objektbeziehung hervor, und zwar sowohl in Hinblick auf die Angstentstehung als auch auf die Ausgestaltung und die Abwehr von Angst.

Entscheidend ist dabei, dass der Kleinianische Ansatz die innere Welt als realen Ort von Objektbeziehungen betrachtet und nicht, wie es bis dahin üblich war, als »das Nichtreale, bloß Vorgestellte, Subjektive« (Freud 1925). Die Unterscheidung zwischen neurotischer und Realangst, die Freud stets aufrechterhalten hat, verliert damit ihre Grundlage. Angst vor äußeren Objekten wird für Kleinianer als projektive Verlagerung feindseliger Beziehungsphantasien aus der Innenwelt verstanden.

Diese Perspektive hat die weitere Entwicklung der Psychoanalyse auf breiter Front beeinflusst, auch wenn nur die Kleinianer und Postkleinianer die speziellen Annahmen von Melanie Klein zum frühkindlichen Sadismus geteilt und weiterentwickelt haben. Das will ich am Beispiel von Bion und Meltzer zeigen.

Beiträge der Postkleinianer

Wilfred Bion: Sein Leben und seine Theorien

Bion wurde 1897 als Sohn eines englischen Ingenieurs in Indien geboren und kam mit acht Jahren nach England (▶ Abb. 14). Er nahm als Soldat am Ersten Weltkrieg teil. Danach studierte er erst in Oxford Geschichte und dann in London Medizin. Ab 1932 war er mit Unterbrechung durch den Zweiten Weltkrieg an der Londoner Tavistock-Klinik tätig, in der damals kriegstraumatisierte Soldaten behandelt wurden. 1938/39 machte er eine Lehranalyse bei John Rickman, die durch den Zweiten Weltkrieg unterbrochen wurde. Er arbeitete im Militärhospital in Northfield. Dort sammelte er Erfahrungen mit Gruppenprozessen und Gruppentherapie bei der Behandlung kriegstraumatisierter Soldaten. Nach dem Zweiten Weltkrieg ging er an die Tavistock-Klinik nach London zurück und setzte 1946–52 seine Lehranalyse bei Melanie Klein fort. 1947 war er an der Gründung des *Tavistock Institute of Human Relations* beteiligt, einer renommierten Einrichtung, die sich Fragen der Organisationsentwicklung widmete.

Um 1950 befasste Bion sich vor allem mit Gruppenprozessen und publizierte darüber bedeutende Arbeiten. Seine innovativen Ideen, mit denen er die Kleinianischen Konzepte weiter ausarbeitete, insbesondere seine Theorie des Denkens, entwickelte er in den 1960er Jahren. Von 1962 bis 1965 war er Präsident der Britischen Psychoanalytischen Gesellschaft. Von 1968 bis 1979 lebte er in Los Angeles, wo sein Spätwerk entstand. Er starb 1979 in Oxford kurz nach seiner Rückkehr aus den USA, noch bevor er das Projekt verwirklichen konnte, zusammen mit Donald Meltzer eine eigene psychoanalytische Ausbildung aufzubauen.

Bion gilt als der bedeutendste Schüler von Melanie Klein. Im Mittelpunkt seiner Theorien steht das Denken. In den 1960er Jahren veröffentlichte er dazu drei wichtige Bücher: *Learning from Experience* (1962), *Elements of Psycho-Analysis* (1963), *Transformations* (1965), die erst 30 Jahre später auch auf Deutsch erschienen. Er beschreibt, wie das Kind am Anfang des Lebens von ungeformten mentalen Inhalten und Phantasien bedrängt wird. Er nennt diese die Beta-Elemente. Um sie zu bewältigen, projiziert das Kind sie in die Mutter, die sie im Rahmen einer projektiven Identifi-

Abb. 14: Wilfred Bion (1897–1979), der bedeutendste Postkleinianer, leistete mit seinen Erfahrungen in Gruppen und seiner Theorie des Denkens bleibende Beiträge zur Psychoanalyse (Foto mit freundlicher Genehmigung der Nachlassverwalter von Wilfred Bion; Fotograf: Bernard Boudreau).

zierung in sich aufnimmt und wirken lässt. Sie »verträumt«, d. h. verarbeitet das ungestaltete psychische Material und gibt ihm eine erträgliche Gestalt. Aus dem Unerträglichen werden dadurch erträgliche Erfahrungen und denkbare Gedanken, die sie dem Kind als Alpha-Elemente zurückgibt.

Diesen Vorgang bezeichnet Bion in der ihm eigenen Theoriesprache als Transformation und die Funktion der Mutter dabei als Alpha-Funktion. Die Mutter fungiert als Container für das unbearbeitete psychische Material ihres Kindes. In dem Maße, wie sie die Spannungen des Kindes ertragen und den Inhalten Bedeutungen geben kann, ohne sich davon überwältigen zu lassen, kann sie die gesunde Entwicklung des Kindes fördern. Dabei ist die zutreffende Einfühlung der zentrale Faktor.

Wenn diese Prozesse gelingen, kann das Kind sich auf Dauer mit der Alpha-Funktion der Mutter identifizieren und seine inneren Zustände selbst »containen«. Wenn die Mutter als Container nicht anwesend ist, wird es beginnen, die Transformationen selbst zu leisten. Auf diese Weise entsteht als Brücke zwischen dem Selbst und der abwesenden Mutter ein Gedanke oder – noch allgemeiner gesprochen – das Denken.

Eine ähnliche Aufgabe stellt sich dem Analytiker in der Behandlungssituation. Er kann ein Verständnis für die innere Situation des Patienten entwickeln und ihm dazu verhelfen, sie auch selbst anzunehmen und zu ertragen. Dazu nimmt er das Unerträgliche auf und verarbeitet es in sich.

Bions Beitrag zur Angsttheorie

Bion hat der Psychoanalyse ein völlig neuartiges Bezugssystem beschert. Zentral für unseren Zusammenhang, die Angsttheorie, ist seine Arbeit über die *Unterscheidung zwischen psychotischen und nicht-psychotischen Anteilen der Persönlichkeit* (1957).

Mit dieser Unterscheidung lenkte er das Interesse auf die Existenz von zwei grundlegend verschiedenen Ängsten. Die eine nannte er in seiner Schrift *Eine Theorie des Denkens* (1962) die namenlose Angst. Er betrachtete sie als die Urangst des Menschen und ordnete sie dem psychotischen Persönlichkeitsanteil zu. Es handelt sich also um eine psychotische Angst. Sie bedeutet Stillstand und Zerstörung der Existenz und kommt durch das Zusammenspiel konstitutioneller und interaktioneller Faktoren zustande. Konstitutionell sind das angeborene Ausmaß primitiver Affekte und Impulse wie Destruktivität oder Neid. Interaktionell ist die Fähigkeit der Bezugsperson, dieses zunächst noch ungestaltete psychische Material aufzunehmen und zu verwandeln.

Diese Fähigkeit, die bereits erwähnte Alpha-Funktion, ist an die kommunikative Funktion der projektiven Identifizierung gebunden und ereignet sich in einem Zustand der *Rêverie* der Mutter. Wenn dieser Mechanismus versagt, entstehen katastrophale Vernichtungsängste. Sie entleeren das Ich, liefern es bizarren psychotischen Objektphantasien aus und können bis zur endgültigen Zerstörung des psychischen Apparates in der Psychose führen. In milderer Form äußert sich diese namenlose Angst als Agoraphobie, Klaustrophobie oder einfache paranoide Angst.

Die andere Form der Angst ist die Angst vor Erkenntnis und Veränderung. Sie ist ein normales Phänomen, das genuin zur psychischen Entwicklung gehört. Bion ordnete sie dem nicht-psychotischen Persönlichkeitsanteil zu, der über die Fähigkeit zu denken und zur Transformation von Erfahrung in komplexere Gedanken und Gefühle verfügt. Diese Entwicklungsangst entspringt aus dem Schmerz der Erkenntnis. Die Erkenntnis bezieht sich auf eine unlösbare Ambitendenz in unserem Bewusstsein: Einerseits stehen wir als Menschen in tiefer Abhängigkeit von der Mutter, weil wir auf ihre Alpha-Funktion angewiesen sind, um das Leben überhaupt ertragen zu können und Gedanken entstehen zu lassen. Andererseits können wir nach Bion aber erst in der Abwesenheit der Mutter zum Denken gelangen, denn das Denken repräsentiert die abwesende Mutter.

Das Gewahr Werden dieser tragischen Ambitendenz von Abhängigkeit und Alleinsein ist ein Schritt in Richtung Reife und der Kern der Angst vor Erkenntnis. Sie kann bei Krisen und Veränderungen immer wieder aufbrechen und steht für die Fortentwicklung und Bejahung des Lebens. »Der entscheidende Punkt ist offenbar, dass Veränderung in Richtung Reife schmerzhaft ist« (Bion 1970).

Namenlose Angst und Erkenntnisangst stehen in einem unauflösbaren Widerspruch zu einander. In dieser Gegenüberstellung wiederholt sich der Dualismus der zweiten Triebtheorie von Freud, der unüberbrückbare Gegensatz von Eros und Thanatos:

- Die von ungestalteten Beta-Elementen getragene namenlose Angst repräsentiert danach den Todestrieb,
- während die mit der Alpha-Funktion verbundene Erkenntnisangst den Eros der Freud'schen Theorie abbildet.

Insofern stehen sie nicht in einem hierarchischen Verhältnis zueinander, sondern sie repräsentieren zwei verschiedene Bereiche des psychischen Lebens, die nebeneinander bestehen.

Donald Meltzer: Biografisches und sein Weg zum »Claustrum«

Meltzer gilt als einer der bedeutendsten und eigenwilligsten Vertreter der Kleinianischen Schule (▶ Abb. 15). Er wurde 1922 in New York geboren und wurde nach seinem Medizinstudium an der Yale University in New Haven (Connecticut) praktizierender Psychiater für Erwachsene und Kinder in St. Louis. Nach einer ersten Lehranalyse in den USA ging er 1954 nach London, um bei Melanie Klein eine psychoanalytische Ausbildung zu absolvieren. Durch ihren Tod 1960 wurde diese abgebrochen.

Meltzer arbeitete an der Tavistock-Klinik in London und hatte engen Kontakt zu Bion und dessen Frau Ester Bick, die eine kinderanalytische Ausbildung mit Babybeobachtungen auf Kleinianischer Grundlage ins Leben rief. Sein besonderes Interesse galt der Ausbildung von Analytikern, speziell auch von Kinderanalytikern. Seine Frau, Martha Harris, leitete die kindertherapeutische Ausbildung an der Tavistock-Klinik. Nach Zerwürfnissen über Ausbildungsfragen zog Meltzer sich Anfang der 1980er Jahre aus der Britischen Psychoanalytischen Gesellschaft zurück. Seither war er im Rahmen von Seminaren und Supervisionen in vielen Ländern Europas und Südamerikas tätig, wobei er den von ihm eingeführten »Atelier-Stil« anwandte, und betrieb eine Praxis in Oxford, wo er 2004 verstarb.

Abb. 15: Donald Meltzer (1922–2004) beschrieb das Innere der inneren Objekte als dreidimensionalen Raum, in den das Kind eindringt (Foto mit freundlicher Genehmigung von Meg Harris Williams).

Sein Interesse galt über lange Zeit vor allem Fragen der Ästhetik und Psychoanalyse. Er betrachtete auch die Psychoanalyse selbst als eine Form der Kunst. In dem Buch *Die Wahrnehmung von Schönheit* beschrieb er zusammen mit Meg Harris Williams 1988 einen »ästhetischen Konflikt« als Grundlage der normalen Entwicklung. Danach gerät das Neugeborene am Anfang seines Lebens in einen Konflikt, wenn es mit seiner Geburt vom Eindruck des primären Objekts überwältigt wird und über dessen geheimnisvolles Inneres rätselt. Dieser Konflikt ruft einen depressiven Urschmerz über die Unerträglichkeit der Schönheit des Objekts hervor. Der Wunsch, die Innenwelt der Mutter zu erkunden, verbunden mit der Aktivierung von Liebe und Hass regt einen Vorgang an, den Meltzer als intrusive Identifikation bezeichnet. Er geht der eigentlichen projektiven Identifikation voraus, die von Klein beschrieben worden war.

Die Idee, dass der Säugling in den Innenraum des inneren Objekts Mutter eindringt, um ihn zu erkunden, nahm er zehn Jahre später in seinem Buch *Das Claustrum* (1992) wieder auf, das für sein Angstverständnis wegweisend wird.

Meltzers Beitrag zur Angsttheorie

Inspiriert durch Bions Idee der namenlosen Angst hat sich auch Donald Meltzer mit den Folgen des Versagens der frühesten Interaktionen zwischen Mutter und Kind befasst. Dabei interessierte ihn vor allem der mental ungestaltete Inhalt der Welt der Alpha-Elemente. Er untersuchte in seinem Buch *Das Claustrum* (1992) den Raum im Innern der inneren Objekte und entdeckte dort eine Welt archaischer Phantasien.

Dieser Ansatz setzt die Auffassung voraus, dass es im Innern der inneren Objekte dreidimensionale psychische Räume gibt, in die das Kind durch die Verwendung einer besonderen Form der projektiven Identifizierung, der intrusiven Identifizierung, eindringen kann. Auf diese Weise kann es das Innere seiner inneren Objekte erkunden. Dabei ist es insbesondere das Innere des inneren Mutter-Objekts, die es interessiert. Die Welt, die sich ihm dort eröffnet, ist eine Welt abgründiger Tiefen, die von dämonischen Objekten besiedelt und von perversen Bedürfnissen und Sehnsüchten belebt ist. Zu diesen kann weder eine emotionale Beziehung hergestellt werden, noch können sie symbolisiert, d. h. in Begriffen und Bildern erfasst werden. Daher können sie auch nicht mental kontrolliert werden. Stattdessen gehen in dieser Welt die Grenzen zwischen Selbst- und Objektanteilen verloren. Dieser Grenzverlust findet in klaustrophobischen Ängsten und Verzweiflung Ausdruck.

Wenn hilfreiche Interaktionen misslingen – und damit sind vor allem die Alpha-Funktion der Mutter/des Analytikers und die Transformation des ungestalteten psychischen Materials in Alpha-Elemente gemeint – dann bleibt diese Welt ein Claustrum, ein Gefängnis, aus dem man sich nicht mehr befreien kann.

Bis zu einem gewissen Ausmaß gehört das Erleben des Claustrums in jede Entwicklung. Bestimmte Fixierungen findet Meltzer auch bei Erwachsenen. In der Psychopathologie finden sich alle Abstufungen von der Normalität über Phobien und Hypochondrien bis hin zu paranoiden und psychotischen Ängsten.

Die Erkundung der dahinter liegenden Phantasiewelt ist schwierig. Sie ist dadurch erschwert, dass es keinen direkten Zugang dorthin über die Sprache gibt, denn es handelt sich um nicht symbolisierte Inhalte aus dem Bereich des angeborenen Unbewussten. Diese Welt und ihre Inhalte erschließen sich nach Meltzer höchstens in jahrelangen Bemühungen über Träume, Phantasien und Übertragungsprozesse in einer gelingenden Psychoanalyse.

Angst als Störung der basalen Objektbezogenheit

Vorbemerkung zur Controversial Discussion

Nach Freuds Tod 1939 entwickelte sich in London eine heftige Kontroverse zwischen Anna Freud, seiner »Statthalterin«, und ihrer Kontrahentin Melanie Klein, die als *controversial discussion* in die Geschichte der Psychoanalyse eingegangen ist. Anlass war die Kontroverse zwischen zwei konkurrierenden Konzepten für die Kinderanalyse. Inhaltlich ging es um einen Disput zwischen der neuen Objektbeziehungstheorie Melanie Kleins und der klassischen Position der Freudianer, die inzwischen stärker ichpsychologisch orientiert war.[12]

Die Auseinandersetzungen bedrohten in den 1940er Jahren den Zusammenhalt der psychoanalytischen Gruppe in London. Um das Klima zu entschärfen, wurden die Diskussionen schließlich formalisiert. Das Ergebnis war die Einrichtung von drei autonomen Gruppen innerhalb der Britischen Psychoanalytischen Gesellschaft: die Kleinianer, die Freudianer und eine heterogene Mittelgruppe. Letztere bestand aus einer Reihe von »unabhängigen« Einzelpersönlichkeiten, die nicht im Sinne hatten, eine eigene Schule zu gründen. Zu ihr gehörten als führende Köpfe Michael Balint und Donald W. Winnicott.

Die Positionen von Balint und Winnicott

Balint und Winnicott richteten ihr Interesse ganz und gar auf die frühe Mutter-Kind-Beziehung. Mit ihren Beiträgen haben sie die Bedeutung der mütterlichen Funktionen für die früheste Entwicklung des Kindes und die des Beziehungserlebens für den therapeutischen Prozess erhellt. Damit haben sie zu entscheidenden Veränderungen der psychoanalytischen Behandlungsstrategie bei den sogenannten frühen, präödipalen Störungen beigetragen und das Verständnis für therapeutische Prozesse erheblich erweitert, indem sie neben die Deutung den entwicklungsfördernden Umgang mit der therapeutischen Beziehung stellten.

Inhaltlich gibt es bedeutende Unterschiede in der Grundauffassung zwischen Kleinianern einerseits und Balint und Winnicott andererseits:

- Die Kleinianer vertreten ein klassisch psychoanalytisches Menschenbild. Danach ist der Mensch vornehmlich ein Vernunftwesen und strebt nach Autonomie. Psychopathologie wird in diesem Menschenbild aus Be-

---

12 Vgl. meine Darstellung in Ermann M (2009)

ziehungskonflikten erklärt, die zu jeder Entwicklung gehören und sich aus der Grundambivalenz zwischen Liebe und Hass ergeben.
- Balint und Winnicott orientierten sich überwiegend an einem optimistischen Menschenbild. Sie unterstellten eine grundsätzliche Liebesfähigkeit und ein genuines Entwicklungspotential. Sie verstanden Psychopathologie als Ausdruck von Defiziten, die in unzureichenden Entwicklungsbedingungen, speziell in einer nicht genügenden mütterlichen Fürsorgefunktion begründet sind.

Das Gemeinsame bei Balint und Winnicott ist die Erkenntnis, dass die Handhabung der Übertragung, d. h. der Umgang mit der therapeutischen Beziehung, und die Verarbeitung der Übertragung in der Gegenübertragung, entscheidende kurative Faktoren in der Behandlung sind. Es geht ihnen darum, dass Analytiker in der Art und Weise, wie sie mit Patienten umgehen, Entwicklungsbedingungen für ihre Patienten schaffen, die ihre Entwicklungsblockaden aufheben und Weiterentwicklung und Reifung ermöglichen. Voraussetzung dafür ist, dass die schwer erträglichen Affekte und Phantasien der Patienten in der Gegenübertragung weiterverarbeitet und transformiert werden können.

Mit diesem Ansatz ging die Objektbeziehungstheorie nach 1950 weit über Freud, aber auch über Melanie Klein hinaus, die beide in der Aufdeckung und Deutung unbewusster Motivationen den maßgeblichen kurativen Faktor ihrer Behandlungen sahen.

Balint und sein Beitrag zur Psychoanalyse

Balint wurde 1896 in Budapest als Mihály Maurice Bergsmann geboren (▶ Abb. 16). Er studierte Medizin in Budapest und ging 1920 nach Berlin, wo er seine psychoanalytische Ausbildung bei Hanns Sachs begann. 1924 kehrte er nach Budapest zurück und setzte die Ausbildung bei Sándor Ferenczi fort. Seit 1926 war er Lehranalytiker am Psychoanalytischen Institut in Budapest.

1939 emigrierte Balint nach England. Er kam zunächst nach Manchester und später nach London. 1947 nahm er dort seine Arbeit an der Tavistock-

Klinik auf. 1968 wurde er zum Präsidenten der Britischen Psychoanalytischen Gesellschaft gewählt. Zwei Jahre später starb er in London.

Balint gilt als der bedeutendste Schüler von Sándor Ferenczi, der sich vergeblich von Freud und seiner strengen psychoanalytischen Konzeption abzugrenzen versuchte und eigene Wege ging, auf denen er schließlich scheiterte.[13]

Abb. 16: Der Beitrag von Michael Balint (1896–1970) zur Angsttheorie bereichert das Verständnis des Grundkonfliktes zwischen Autonomie und Abhängigkeit, indem er Oknophilie und Philobathie als Abwehr der spezifischen Ängste dieses Konfliktes beschrieb (Foto mit freundlicher Genehmigung der Familie Balint; Fotograf: Edward H. Stein, April 1967).

Es war Balint, der Freuds Konzept eines primären Narzissmus (1914) die Auffassung entgegensetzte, dass es ein primäres, d.h. angeborenes Bedürfnis gibt, geliebt zu werden. Aus diesem Bedürfnis heraus glaubt der Säugling, die Mutter (das Objekt) sei nur dazu da, ihn zu lieben. Wenn dieses Bedürfnis nicht erfüllt wird, dann bleibt eine »Grundstörung« als Ausdruck eines basalen Mangels zurück. Diese Dynamik beschrieb Balint in seinem wichtigen Buch *Therapeutische Aspekte der Regression* (1968).

---

13 Ermann M (2010)

All das geschieht in der vorsprachlichen Entwicklung und kann nicht kognitiv erinnert werden. Die Erfahrungen dieser Zeit sind implizit und im prozeduralen Gedächtnis gespeichert. Dort können sie, z. B. im Zustand tiefer Regression, als Körpererinnerungen und affektive Zustände aktiviert werden.

In *Urformen der Liebe und die Techniken der Psychoanalyse* (1965) beschrieb Balint die ursprüngliche Bezogenheit des Kindes zu seiner Mutter als passive, oder wie er später sagte, primäre Objektliebe. Das Kind macht sich also anfangs zum Objekt der Liebe der Mutter. Die passive Objektliebe wandelt sich im Verlauf der weiteren Entwicklung in die Fähigkeit um, selbst lieben zu können, d. h. in die aktive Objektliebe.

Balints Beitrag zur Angsttheorie

Michael Balint ging von einem schon vorgeburtlich bestehenden Objektbezug aus, der sich in einer innigen harmonischen Verschränkung äußert. In dieser Verschränkung gibt es zunächst keine Ich-Du-Grenzen. Daher wirkt die Entdeckung des Objekts als getrenntes Gegenüber, also die Wahrnehmung der Getrenntheit, die sich im Laufe der Entwicklung einstellt, als erstes seelisches Trauma, das heftige traumatische Angst hervorruft (Balint 1959).

Von der Qualität der Mutter-Kind-Beziehung hängt es nun ab, ob diese Angst verarbeitet werden kann. Wenn die Verarbeitung misslingt, dann entwickelt das Kind zur Angstabwehr eine Objektbeziehung, in der die Getrenntheit verleugnet und das verlorene Harmonieerleben in der Phantasie wieder hergestellt wird. Wenn das misslingt und die defensiv wiederhergestellte Harmonie gestört wird, erscheinen Desintegration und destruktive Affekte, die das Selbst überschwemmen und nun ihrerseits mit Ängsten vor Selbstverlust (mein Begriff, M. E.) verbunden sind.

In seinem Buch *Angstlust und Regression* (1959) beschrieb Balint zwei solcher Objektbeziehungen, die der Angstabwehr dienen: die Oknophilie und die Philobatie.

- *Bei der Oknophilie* wird die traumatische Angst in eine Angst vor leeren Räumen umgewandelt, die sich als grauenhaftes Erleben zwischen dem

Selbst und dem Objekt ausbreitet. Um dieser Angst zu begegnen, klammert der Oknophile sich permanent an das Objekt an und schafft eine illusionäre Verschränkung. Dabei wird die Individualität des anderen verleugnet, was sekundär natürlich mit Verlustängsten verbunden ist.
- *Bei der Philobathie* hingegen ersetzt der Philobath das »verlorene« Objekt der Dualunion durch »freundliche Weiten«, die er mit seinen Phantasien füllen kann. Er entflieht dem getrennt erlebten Objekt und betrachtet es aus der Ferne. Seine Angst kreist nun um die Vorstellung, dass ein Objekt auftauchen und seine Verleugnung aufheben könnte. Es ist also eine sekundäre Angst vor Objekten.

Mit der Beschreibung der oknophilen und philobathischen Angstabwehr hat Balint zu einem vertieften Verständnis des neurotischen Grundkonfliktes zwischen Autonomie und Abhängigkeit beigetragen. Zugleich ist diese Konzeption ein Beispiel dafür, wie Grundkonflikte in einem mehr progressiv-aktiven Modus weiterverarbeitet werden wie im Falle der Philobathie, oder in einem mehr regressiv-passiven wie im Falle der Oknophilie.

Winnicott und seine Theorie

Donald W. Winnicott wurde 1896 in Plymouth als Sohn eines Kaufmanns und späteren Bürgermeisters geboren (▶ Abb. 17). Während er als Kind und Jugendlicher unter seiner depressiven Mutter litt, soll sein Vater, ein Freidenker, seine Kreativität sehr unterstützt haben. Er beschrieb sich später selbst als einen schwierigen Jugendlichen. Früh entschloss er sich, Arzt zu werden. Nach dem Militärdienst im Ersten Weltkrieg bei der Royal Navy studierte er in London Medizin, arbeitete dort ab 1921 als Kinderarzt und kam unter dem Einfluss von Melanie Klein zur Psychoanalyse. Er machte eine lange Lehranalyse bei James Strachey und später bei Joan Riviere.

Während des Zweiten Weltkriegs war er als beratender Psychiater im Evakuierungsprogramm tätig und behandelte evakuierte Kinder. Daneben betrieb er eine private Praxis. 1956 wurde er Präsident der Britischen Psychoanalytischen Gesellschaft. Er starb 1971 in London.

Abb. 17: Donald W. Winnicott (1896–1971) trug maßgeblich zum Verständnis der frühen Störungen bei, indem er die entwicklungsfördernden Faktoren der frühen Beziehungen in das Zentrum seiner Arbeiten rückte (Foto mit freundlicher Genehmigung von The Winnicott Trust).

Ab 1935 entwickelte er seine Ideen, die anfangs wenig Beachtung fanden. Erst in den 1950er Jahren fand er mehr Aufmerksamkeit. Mit seinem Konzept der Übergangsobjekte und Übergangsphänomene (1971) gewann er nachhaltigen Einfluss auf die internationale Psychoanalyse.

Winnicott entwickelte in der Tendenz ähnliche Ideen wie Balint. Er bezog sich ebenfalls auf die basale Objektbezogenheit, wenn er von primärer Mütterlichkeit sprach (1958). Er beschrieb damit einen Zustand besonderer Sensibilität und Zugewandtheit der Mutter gegenüber ihrem Kind. In diesem Zustand kann sie eigene Bedürfnisse und Aktivitäten zurückstellen, offen und einfühlsam auf die Bedürfnisse des Säuglings eingehen und ihm die Illusion vermitteln, dass sie nur für ihn da ist und Teil seines Selbst. Auf diese Weise hilft sie ihm, sensomotorische Brüche, z. B.

Hunger oder Schmerz, zu überwinden und eine Kontinuität des Erlebens herzustellen.

In einer fördernden Umwelt unterstützt die mütterliche Fürsorge die Integration innerer Zustände, insbesondere auch die Integration von Liebe und Hass. Eine wichtige Funktion ist dabei das Halten – *holding*. Damit bezeichnete Winnicott die Fähigkeit der »genügend guten« Mutter (1971), sich adäquat auf die Bedürfnisse des Kindes als Mensch mit eigenem Recht einzustellen, diese zu erkennen und zu befriedigen, damit die von der Säuglingsforschung immer wieder beschriebene Abstimmung und das Zusammenpassen gelingen und die Potentiale des Kindes sich entwickeln können. Die Mutter fügt die sensomotorischen Regungen des Kindes zusammen, indem sie es körperlich und im übertragenen Sinne umfängt bzw. begreift.

Natürlich kann die Anpassung nicht vollkommen sein. Aber in einer genügend guten Umwelt – *good enough environment* – wird der Mensch einen Entwicklungsraum finden, in dem er gedeiht. Dazu gehört, dass der Übergang von der subjektiven zur objektiven Realität bewältigt werden kann. Die Psychoanalyse war für Winnicott eine solche Umwelt. Dabei ist es die wichtigste Funktion, dass der Analytiker die früheste Beziehung zwischen Mutter und Kind auf symbolische Weise nacherleben lässt: »Eine richtige und zeitgerechte Deutung vermittelt in der analytischen Behandlung das Gefühl, körperlich gehalten zu werden. Dieses Gefühl ist realer, als wenn man wirklich gehalten oder versorgt worden wäre. Verständnis geht tiefer« (1957).

Angst in Winnicotts Werk

Verständlicherweise bewirkt die Beeinträchtigung der Haltefunktion der Mutter im Kind immense Angst. Diese Angst ist für Winnicott die erste Angstmanifestation überhaupt. Sie beruht auf der Störung des kontinuierlichen Selbsterlebens und wird als »unvorstellbare« oder »archaische« Angst vor Vernichtung erlebt und ist mit dem Gefühl des Zusammenbruchs und des Fallens verbunden.

Hier gibt es Parallelen zur namenlosen Angst bei Bion. Ähnlich hat Kohut (1971) später die Desintegrations- und Fragmentierungsangst beim

Verlust eines Selbstobjekts beschrieben (▶ 4. Vorlesung). Dabei setzte Winnicott voraus, dass die Mutter in dieser Phase der Entwicklung noch nicht als Objekt des Versagens wahrgenommen wird, so dass sie auch nicht Ziel von aggressiven und destruktiven Regungen werden kann. Damit besteht ein maßgeblicher Unterschied gegenüber der Auffassung der paranoiden und Verfolgungsangst, wie sie von Melanie Klein vertreten wird.

Bleibt die Beeinträchtigung der primären Mütterlichkeit in Grenzen, wie es in der Interaktion zwischen einer »genügend guten Mutter« und ihrem Kind regelmäßig geschieht, dann ersetzt Vertrauen auf eine Wiederherstellung die mütterliche Funktion. Sie fördert mit der Bewältigung der Erschütterung den Ich-Aufbau. Diese Idee hat eine gewisse Ähnlichkeit mit Bions Theorie des Denkens, in der das Kind die Abwesenheit der Mutter und den Mangel an Alpha-Funktion durch eigenes Denken ersetzt. Sind die Brüche im Gefühl, gehalten zu werden, hingegen allzu stark, dann hypertrophiert die geistige Funktion. Das Kind entwickelt dann mit der Übergefügigkeit gegenüber einer unzureichenden Umwelt ein »falsches Selbst«. Kern dieser Entwicklung ist also letztlich die Vernichtungsangst.

Von dieser Vernichtungsangst grenzte Winnicott (1962) die erst im zweiten Lebenshalbjahr auftretende depressive Angst ab. Sie geht darauf zurück, dass das Kind beginnt, die Mutter als abgegrenzte Person wahrzunehmen und Besorgnis um sie zu entwickeln. Ihren Ursprung hat sie in der Sorge um die Mutter, die nun nicht mehr unbedingt gebraucht wird, was als Beschädigung oder sogar als Vernichtung des Objekts erlebt wird. Sie hat insofern Ähnlichkeit mit den depressiven Verlustängsten bei Melanie Klein, aber auch mit der Angst angesichts der Wahrnehmung der Getrenntheit, die Balint beschäftigt hatte.

Schließlich beschrieb Winnicott eine spätere Verlassenheitsangst. Sie entsteht, wenn sich keine hinreichende Fähigkeit zum Alleinsein entwickelt. Diese würde auf einer gesunden Ich-Bezogenheit beruhen, die sich einstellen kann, wenn das Kind lernt, zunächst in Gegenwart der Mutter allein zu sein, um dann auf ihre Anwesenheit verzichten zu können. Dieser Schritt wird oft durch die Verwendung eines Übergangsobjekts begleitet: Dieses erleichtert, dass die Mutter mit der endgültigen Verinnerlichung der frühen fördernden Umwelt schließlich entbehrlich wird.

4. Vorlesung
Angst und das Selbst

Angst in der Selbst-Psychologie

Das Konzept des Selbst und die Entwicklung der Selbst-Psychologie

Das Selbst wurde ursprünglich um 1930 gleichsam als Nebenprodukt der amerikanischen Ich-Psychologie von Heinz Hartmann in die Psychoanalyse eingeführt. Es umfasst die Vorstellungen von der eigenen Person und entsteht im Wesentlichen aus Identifikationen. Das Konzept des Selbst ist also am Anfang eine Erweiterung von Freuds Strukturtheorie.

Durch die Schriften von Heinz Kohut in den 1970er Jahren wurde es in diesem Sinne zum Angelpunkt für das Verständnis einer grundlegend neuen Sichtweise der Psychopathologie und der Behandlungsstrategie. Dabei bestand Kohuts Absicht anfangs lediglich darin, die traditionelle Metapsychologie zu ergänzen. Die Gründung einer eigenen selbst-psychologischen Schule hatte er anfangs nicht im Sinn.

Diese entstand erst mit seiner Auffassung, dass das Selbst eine eigenständige Entwicklung nimmt und eigenen psychologischen Prinzipien folgt, die einen bedeutenden Teil von psychischen Störungen erklärt. Diese beruhen auf Beeinträchtigungen der Selbst-Regulation. Das bedeutet, dass diese Störungen, die er – mit Freud – »narzisstische Neurosen« nannte, auf ein basales Gefühl der Gefährdung zurückzuführen sind, das in einem labilen Selbstbild und Selbstwertgefühl gründet.

Heinz Kohuts Leben und sein Ansatz der Selbst-Psychologie

Kohut wurde 1913 als einziger Sohn einer etablierten jüdischen Familie in Wien geboren (▶ Abb. 18). Sein Vater war bis zum Ersten Weltkrieg Pianist und erweckte Kohuts Liebe zur Musik, die er auch mit seiner Mutter teilte. Als junger Mann machte er eine Analyse bei August Aichhorn, später in den USA eine Lehranalyse bei Ruth Eissler.

Nach Abschluss seines Medizinstudiums in Wien emigrierte er 1939 nach London, wo er seine psychoanalytische Ausbildung begann, übersiedelte jedoch bald nach Chicago, wo er bei Franz Alexander lernte und später Professor für Psychiatrie an der Universität wurde.

Abb. 18: Heinz Kohut (1913–1981) beschrieb eine eigenständige Entwicklung des Selbst und legte damit das Fundament für die Selbst-Psychologie (Foto mit freundlicher Genehmigung von Thomas Kohut).

Ab etwa 1956 entwickelte er seine Narzissmustheorie, 1965 hielt er dazu seinen ersten Vortrag. Er baute sie ab 1970 mit der Theorie des Selbst als eigenständige Entwicklung zur Selbst-Psychologie aus. Seine wichtigsten Arbeiten, darunter *Narzissmus* (1971) und *Die Heilung des Selbst* (1977) stammen aus den 1960er und 1970er Jahren und reflektieren das Aufkommen und die Zunahme einer Psychopathologie, die durch Leeregefühle, Mangel an innerer Stabilität, hohe Verletzlichkeit usw. gekennzeichnet ist. Seine Ideen zur Behandlungspraxis betonen die Empathie als kuratives Mittel für die Behandlung narzisstischer Störungen.

Von 1961 bis 1973 war er Organisator der Amerikanischen Psychoanalytischen Gesellschaft und zeitweise Vizepräsident der Internationalen Psychoanalytischen Vereinigung. Seine Theorien führten zum Bruch mit der etablierten Psychoanalyse und zum Ausschluss aus den Organisationen. Kohut starb 1981 in Chicago. Er erlag einer Krebserkrankung.

Kohuts Werk ist aus der psychoanalytischen Praxis heraus zu verstehen. Es entstand aus der Behandlung von narzisstischen Störungen, die – ebenso wie andere Persönlichkeitsstörungen – nach dem Zweiten Weltkrieg vermehrt in Erscheinung getreten waren und die Praktiker zunehmend beschäftigten. Dabei hatte sich gezeigt, dass Freuds traditionelle Auffassung des Narzissmus den Anforderungen an die neuen Indikationen nicht mehr gerecht wurde.

Freud hatte das Konzept des Narzissmus 1914 in die Psychoanalyse eingeführt. Er beschrieb damit die psychische Entwicklung, die durch die libidinöse Besetzung der eigenen Person gekennzeichnet ist. Er gelangte zu der Auffassung, dass narzisstische Persönlichkeiten unfähig zur libidinösen Besetzung des anderen – der Objekte – sind und daher nicht in der Lage sind, Übertragungen zu entwickeln. Sie erschienen ihm daher nicht psychoanalytisch behandelbar.

Auf dem Boden der Ich-Psychologie entwickelte Kohut Mitte der 1950er Jahre eine Neuformulierung des Narzissmus, die in einer Neukonzeption der Behandlung narzisstischer Persönlichkeitsstörungen mündete. Danach nimmt das Selbst eine Entwicklung, die anfangs dadurch geprägt ist, dass der andere im Zustand nicht als ein objektives Objekt, also ein Gegenüber mit eigenen Interessen und Zielen betrachtet wird, sondern ausschließlich in seiner narzisstischen Funktion. Diese besteht darin, dem Subjekt Anerkennung, Bewunderung und Sicherheit zu vermitteln und es zu stabilisieren. Diese Position des anderen dient der Sicherung der Kohärenz des Selbst und der Stabilisierung des Selbstgefühls. Kohut sieht diese als die zentrale Motivation der seelischen Prozesse an, vergleichbar der Triebbefriedigung nach dem Lustprinzip bei Freud. Diese Funktion nennt er die Funktion als Selbstobjekt.

Pathologischer Narzissmus entsteht, wenn die frühen Bindungs- und Spiegelungserfahrungen misslingen. Er kompensiert den damit verbundenen Mangel an Selbstobjekt-Erfahrungen, speziell an elterlicher Empathie, und schützt vor einer Labilisierung des Selbstgefühls und einer Fragmentierung des Selbst. Die narzisstische Position wird durch spezifische Abwehrformationen stabilisiert, indem das Kind »die vorherige Vollkommenheit ersetzt

a) durch den Aufbau eines grandiosen und exhibitionistischen Bildes des Selbst: das Größen-Selbst; und
b) indem es die vorherige Vollkommenheit einem bewunderten, allmächtigen (Übergangs-)Selbstobjekt zuweist: der idealisierten Elternimago« (1971).

Größen-Selbst und idealisierte Elternimago bilden die beiden Pole des sogenannten bipolaren Selbst. Bei einer gesunden Selbst-Entwicklung gleichen beide Pole sich später gegenseitig aus und Größenvorstellungen und übermäßige Idealisierungen werden zurückgenommen.

Bedeutung der Angst in Kohuts Werk

Nach Kohuts Auffassung entsteht der Kern des Selbst aus der Entwicklung eigenständiger narzisstischer Strebungen, die auf einem angeborenen archaischen Selbstpotential beruhen. Die Aktivierung dieses Potentials ist das Ergebnis gelungener früher Interaktionen, in denen die zentrale Bezugsperson dem Kind das Gefühl vermittelt, anerkannt und wertvoll zu sein. Diese Funktion beruht auf Empathie und Introspektion.

Dieser Prozess ist außerordentlich leicht störbar, denn die Passung zwischen narzisstischer Bedürftigkeit des Kindes und Spiegelung durch das Gegenüber, das Selbstobjekt, ist nie perfekt. Wie schon erwähnt, entwickelt das Kind zur Kompensation Größenvorstellungen. Sie bleiben entweder an das Selbst gebunden – »ich bin großartig« – oder werden auf andere projiziert und bilden dann die Grundlage für deren Idealisierung. Durch diese Entwicklungen kann die Verletzlichkeit bewältigt und das narzisstische Gleichgewicht aufrechterhalten werden.

Als Folge schwer gestörter empathischer Reaktionen der Eltern wird das Selbst nicht sicher etabliert. Größenvorstellungen können dann nicht zurückgenommen werden. Das Selbst bleibt schwach und seine Kohärenz bedroht. Damit entstehen Desintegrations- und Fragmentierungsängste. Sie werden durch undifferenzierte Affekte wie Wut oder sexuelle Erregung und durch undifferenzierte Triebregungen wie Aggression abgewehrt. Diese haben das Ziel, die Kohärenz des Selbst zu schützen.

Die narzisstische Persönlichkeitsstörung wird also vor allem durch Angst vor Desintegration, Fragmentierung und Selbstverlust geprägt, die sich darin zeigt, dass die Betroffenen zur Aufrechterhaltung ihres Selbstgefühls auf die Anwesenheit des Selbstobjekts angewiesen sind. Diese Angst wird zum Motiv für das Bestreben, das Selbstobjekt zur Sicherung des Selbstgefühls zu kontrollieren und zu beherrschen.

In der Analyse ist ein schwaches, unzureichend integriertes Selbst nicht genügend gegen Fragmentierungen gesichert. Zum Schutz entwickeln die Patienten narzisstische Übertragungen, die sich fundamental von den klassischen neurotischen Übertragungen unterscheiden, die Freud bei der Behandlung seiner Patienten entdeckt hatte und in denen er projektive Verkennungen nach dem Vorbild infantiler Objektbeziehungen erkannt hatte. Sie enthalten nach Kohut Bedürfnisse nach Bestätigung, Bewunderung, Anerkennung, schützender Anwesenheit, Zuwendung und Sicherheit. Dabei unterscheidet Kohut hauptsächlich drei Varianten (▶ Kasten 4).

Kasten 4: Narzisstische Übertragung nach Kohut (1971, 1977)

- Bei der *Spiegelübertragung* verwenden die Patienten den Analytiker als ein Selbstobjekt, das ihnen Bestätigung und Anerkennung zuteil werden lässt und dadurch ihr Selbst stabilisiert.
- In der *idealisierenden (Eltern-)Übertragung* wird der Analytiker idealisiert, wobei die Teilhabe am Idealobjekt das Selbst stabilisiert.
- Bei der *Zwillingsübertragung* (Alter-Ego-Übertragung) fungiert der Analytiker als ein Selbstobjekt, mit dem Übereinstimmung gesucht wird, um dadurch das Selbst zu stabilisieren.

In der ungestörten Kindheitsentwicklung vollzieht sich die Konsolidierung des Selbst in einem Prozess, in dem »optimale Frustration« durch die Bezugspersonen zu einer »umwandelnden Verinnerlichung« führt (1971).

In der psychoanalytischen Behandlung geschieht die *Heilung des Selbst*, wie Kohut sein Ziel im Titel seines maßgeblichen Buches (1977) bezeichnete, in einem vergleichbaren Prozess. Dabei werden die »optimal frustrierten« Erfahrungen in der narzisstischen Übertragung durchgearbeitet, wodurch eine Rücknahme narzisstischer Besetzungen vom Analytiker als Selbstobjekt eingeleitet wird und seine Funktionen nach und nach in das Selbst integriert werden. Dadurch entsteht eine zunehmende Angsttoleranz und Verminderung der Desintegrations- und Fragmentierungsangst.

Dabei vermeidet Kohut Konfrontationen und Deutungen der narzisstischen Abwehr. Stattdessen empfiehlt er die empathische Begleitung in Angstkrisen, die unweigerlich entstehen, wenn die Verwendung des Analytikers als Selbstobjekt misslingt und das Selbst von Fragmentierung bedroht wird. Unterbrechungen der Kontinuität der analytischen Beziehung und der Verfügbarkeit des Analytikers, die das Selbst bedrohen, werden dabei als Frustration und Bedrohung des Selbstgefühls erlebt.

Kohut ging davon aus, dass der Analytiker die Angst des Patienten nachvollziehen kann, wenn er sich in ihn hineinversetzt wie eine Mutter, die »die Angst des Kindes spürt, sie mit ihm teilt, es aufnimmt und mit ihm spricht, während sie es hält oder trägt und so Bedingungen schafft, die das Kind phasengerecht als Verschmelzung mit dem allmächtigen Selbstobjekt erlebt« (1977). Er war davon überzeugt, dass eine solche empathische Begleitung Beziehungserfahrungen in Struktur transformiert und zur Nachreifung des Selbst beiträgt. Auf diese Weise, so glaubte er, führt das Nacherleben narzisstischer Krisen in der Übertragung zu Erfahrungen, die von der gereifteren Persönlichkeit verinnerlicht werden können. Diese »umwandelnde Verinnerlichung« ermöglicht es auf Dauer, dass der Analytiker aus der Funktion als stabilisierendes Selbstobjekt entlassen werden kann. Das Ziel ist eine autonomere Aufrechterhaltung der Kohärenz des Selbst und insofern Angstfreiheit.

Von der Selbst-Psychologie zur Intersubjektivität

Mit seiner Theorie der Selbstentwicklung in empathischer Bezogenheit verwies Kohut nachdrücklich auf die Bedeutung des sozialen Kontextes für die Entwicklung. Dieser Ansatz war als solcher in der Psychoanalyse selbstverständlich nicht neu. Kohut wandte ihn speziell auf die Entwicklung des Selbst an. Ihn interessierte dabei das Selbst als innerseelische Struktur. Er vertrat also eine *intra*-subjektive Perspektive.

Dieser Ansatz wurde in den 1990er Jahren von Robert Stolorow (▶ Abb. 19), George Atwood und anderen in den USA weiterentwickelt. Sie lösten sich dabei von der strukturorientierten Sichtweise und stellten das Selbst in einen interpersonellen Zusammenhang. Für sie war die Idee eines Selbst als Struktur allzu mechanistisch und erlebnisfern. Stattdessen interessierte sie das Selbst als Organisationsform von Erleben oder, anders gesagt, das Selbsterleben als dynamisches Erlebnismuster. Nach ihrer Auffassung bildet sich Selbsterleben erst in der Beziehung zu anderen. Das geschieht im wechselseitigen Austausch von Subjektivitäten.

Diesen Wechsel der Betrachtungsweise bezeichnen wir heute als intersubjektive Wende. Sie erfasst zunehmend alle Richtungen der modernen Psychoanalyse. Daneben hat Steven Mitchell (1946–2000) in den USA auf der Grundlage des Intersubjektivismus eine eigenständige Richtung entwickelt, die er relationale Psychoanalyse nannte.[14]

Intersubjektivität betrachtet den Menschen grundsätzlich im Kontext seiner Beziehungen (Orange u. a. 1997). Sie geht davon aus, dass er von Geburt an in Beziehungen lebt und dass diese Bezogenheit einen Niederschlag in der psychischen Organisation, nämlich im Selbst findet. Dabei ist er stets auf andere angewiesen, um sein Selbstgefühl aufrechtzuerhalten. Dieses Prinzip wird durch eine unbewusste gegenseitige Einflussnahme gewährleistet. Das bedeutet konkret, dass die Beteiligten sich in ihrem Denken, Fühlen und Handeln bewusst und unbewusst gegenseitig beeinflussen. Dadurch entsteht Selbsterleben. Das individuelle Selbst – unabhängig von der Beziehung – wird nun als eine Fiktion betrachtet.

---

14 Vgl. meine Darstellung »Intersubjektivität – das neue Paradigma« in Ermann 2010, 3. Vorlesung

Von der Selbst-Psychologie zur Intersubjektivität

Abb. 19: Robert D. Stolorow (*1942) definierte zusammen mit seinen Mitarbeitern das Selbst als dynamisches Erleben in Beziehungen und führte damit die Selbst-Psychologie in den intersubjekiven Ansatz über (Foto mit freundlicher Genehmigung von Robert D. Stolorow).

Der intersubjektive Ansatz dreht die traditionelle Auffassung zum Verhältnis zwischen individueller Psyche und Beziehung gleichsam um: Im herkömmlichen abendländischen Denken entsteht die Beziehung aus der Begegnung zwischen zwei Individuen. Entgegen diesem Denken betrachten intersubjektive Auffassungen die Beziehung als das Basale, während das Individuelle sich erst in der Beziehung ausformt: Was ich und der andere in der Begegnung als unser jeweiliges Selbst erleben, handeln wir in der Beziehung miteinander aus.

Der Intersubjektivismus geht über die bis dahin gültige Selbst-Psychologie und Objektbeziehungstheorie hinaus, indem er die Beziehung nicht nur als Rahmen für die Entwicklung betrachtet, die dann einen innerseelischen Niederschlag in der Persönlichkeitsstruktur findet, sondern als Matrix, aus welcher das Individuelle und das Interpersonale erschaffen werden.

Das intersubjektive Angstverständnis

Stolorow u. a. (1987) haben sich bei ihren Überlegungen zur Selbst-Psychologie auch mit der intersubjektiven Funktion und Bedeutung von Affekten auseinandergesetzt und dabei die Bedeutung der Entgleisung der affektiven Entwicklung innerhalb einer intersubjektiven Matrix in der frühen Beziehung zwischen dem Kind und seinen Bezugspersonen reflektiert. Der Affekt der Angst wird dabei nicht direkt betrachtet. Im Kontext mit den Ansichten von Kohut wird aber deutlich, dass solche Entgleisungen zu einer mangelhaften Konsolidierung des Selbsterlebens führen, die emotional als Angst erlebt wird – eine Angst, die bei Kohut als Desintegrations- und Fragmentierungsangst beschrieben wird.

Nach den Ergebnissen der Säuglingsforschung ist heute die grundlegende Bedeutung der frühen Interaktionen bei der Entwicklung der Selbstorganisation unbestritten. Sie hat seit etwa 1975 eine Fülle neuer Erkenntnisse über die präverbale Entwicklung des Menschen zutage gefördert und das Bild der frühen Kindheit radikal verändert. Die bedeutendste Veränderung besteht darin, dass wir den Säugling heute nicht mehr als ein nur passiv ausgeliefertes und angewiesenes Wesen betrachten, sondern als einen aktiven Mitgestalter der Interaktion mit seinen Bezugspersonen. Diese Befunde sind auch in die Konzepte des Intersubjekivismus mit eingeflossen. Sie machen deutlich, dass die Feinabstimmung in der Beziehungsregulation ein wesentliches Element für die Entwicklung des Selbsterlebens darstellt.

Wenn empathische Reaktionen auf die affektiven Zustände des Kindes fehlen, entgleist die Affektregulation. Dann versagt die Selbstobjekt-Funktion, das Selbsterleben zu organisieren und aufrechtzuerhalten. Das Selbsterleben wird dann als gefährdet erlebt. Gegen die Desintegrations- und Fragmentierungsangst wird Abwehr aktiviert, z. B. in Form von Lust, Rache, Wut usw. Sie dient dazu, ein instabiles Selbstobjekt-Erleben auszugleichen und das Gefühl von Selbstmächtigkeit zurückzuerlangen.

Die Selbstentwicklung findet zusammenfassend im intersubjektiven Raum zwischen dem Kind und seinen frühen Bezugspersonen statt. Die Selbstobjekt-Funktionen, die den Bezugspersonen dabei zukommen, sind vielfältig (▶ Kasten 5). Entscheidend für das Gelingen ist die Fähigkeit, die

Affektivität des Kindes zu erkennen, zu teilen und angemessen darauf zu reagieren.

> **Kasten 5: Selbstobjekt-Funktionen nach Stolorow et al. (1996)**
>
> - Integration affektiver Zustände in das Selbsterleben durch empathische Reaktion und affektive Spiegelung, Schutz vor Fragmentierung des Selbsterlebens
> - Affektdifferenzierung und ihre Beziehung zur Errichtung von Selbstgrenzen
> - Synthese von affektiv diskrepanten Erlebnissen
> - Entwicklung von Affekttoleranz
> - Fähigkeit, Affekte als Selbstsignale zu benutzen
> - Desomatisierung und kognitive Verarbeitung von Selbstzuständen

Wenn die kindlichen Gefühle im intersubjektiven Raum nicht ertragen werden können, kann eine Affektintegration nicht gelingen. Das gilt insbesondere auch für die frühen Entwicklungsängste, wobei die Desintegrations- und Fragmentierungsängste im Zentrum der Betrachtung stehen. Sie werden dann als feindselig oder selbstverschuldet betrachtet und abgespalten und bilden die Grundlage für chronische diffuse Angstzustände, die viele narzisstische Störungen lebenslang begleiten.

In der psychoanalytischen Behandlung werden die Reaktionen des Analytikers auf seine Patienten von diesen subjektiv als notwendig zur Aufrechterhaltung ihres Selbsterlebens erlebt. Eine analytische Haltung, welche die Affektzustände des Patienten fortlaufend mit Verständnis begleitet und empathisch darauf reagiert, bewirkt, dass fixierte Entwicklungsprozesse mobilisiert und das Selbsterleben neu organisiert werden. Dazu, so Stolorow, ist »optimale Frustration« nicht erforderlich. Er ersetzt diese Auffassung, die Kohut vertreten hatte, daher durch das Konzept der »optimalen Empathie« (1987).

5. Vorlesung
Angst und Persönlichkeitsstruktur

In dieser Vorlesung will ich zwei Konzepte zum Verständnis der Angst vorstellen, die in Deutschland einen hohen Bekanntheitsgrad erlangt haben. Das erste, Fritz Riemanns Konzept der »Grundformen der Angst«, entspringt dem persönlichkeitsstrukturellen Denken der deutschen Nachkriegspsychoanalyse, das maßgeblich durch den synoptischen Ansatz der Neopsychoanalyse der Berliner Schule von Harald Schultz-Hencke geprägt wurde. Das zweite, Karl Königs Konzept einer phobischen Charakterpathologie, verbindet das persönlichkeitsstrukturelle Denken mit dem objektbeziehungstheoretisch-ichpsychologischen Ansatz von Otto F. Kernberg und dem selbst-psychologischen von Heinz Kohut.

Vorbemerkung zum Konzept der Persönlichkeitsstruktur

Das persönlichkeitsstrukturelle Denken und die Beschreibung verschiedener Grundformen der Charakterpathologie gehen auf Sigmund Freud zurück. Hoffmann (1979) weist darauf hin, dass Freud kein eindeutiges Konzept vom »Charakter« hatte. Die Begrifflichkeit bleibt bei ihm schwer fassbar. Dennoch beschäftigte er sich in der Arbeit von 1908 *Charakter und Analerotik* ausführlicher mit dieser Thematik.

Dort stellte er eine Beziehung zwischen Typen der Charakterbildung und Fixierungen auf bestimmte erogene Zonen in der psychosexuellen

Entwicklung her. Damit bezeichnete er körperliche Organbereiche, die in bestimmten Entwicklungsphasen besondere Aufmerksamkeit erlangen, z. B. die Ausscheidungsorgane in der analen Entwicklung. So beschrieb er einen »analen Charakter«, der durch die Eigenschaften Ordnungsliebe, Eigensinn und Sparsamkeit geprägt ist und den er in der analen Phase der Triebentwicklung verwurzelt sah. Das war der Ausgangspunkt für eine psychoanalytische Charaktertypologie, die von seinen Schülern weiterentwickelt wurde. So untersuchte Karl Abraham in seinen *Studien* zwischen 1919 und 1925 neben dem analen Charakter auch die Bedeutung der Oralerotik und der genitalen Entwicklungsstufe für die Charakterbildung.[15]

Spätere Auffassungen gelangten zu einer Definition der Charakterpathologie über die Annahme phasenspezifischer Fixierungen bzw. Konflikte, die durch ebenfalls spezifische Abwehrmechanismen bewältigt werden und typische Verhaltensmuster hervorrufen (▶ Tab. 3).

Tab. 3: Abwehrmechanismen und Verhaltensmuster bei verschiedenen Charaktertypen

Charaktertyp	Abwehr	Verhaltensmuster
Schizoid	Intellektualisierung Affektisolierung	Distanzierung
Depressiv	Introjektion/Identifizierung Wendung gegen das Selbst Altruistische Abtretung	Anklammerung Passive Abhängigkeit Überfürsorglichkeit
Zwanghaft	Rationalisierung Reaktionsbildung Ungeschehen Machen	Eigensinn Pedanterie Überkontrolliertheit
Hysterisch	Verdrängung Verleugnung	Geltungssucht Ziellosigkeit Aufreizendes Verhalten

---

15 Vgl. das Sammelwerk Abraham (1969)

So beschreibt Hoffmann (1979) einen Zwangscharakter, der durch Zweifel, Skrupel, Ängstlichkeit und leichte Zwangssymptome gekennzeichnet ist. Er dient der Abwehr anal-sadistischer Impulse unter dem Diktat eines hypermoralischen Über-Ichs durch Gefühlsisolierung, Reaktionsbildung, Ungeschehen Machen und Intellektualisierung.

Kasten 6: Neurosenstrukturen nach Schultz-Hencke (1940)

- *Die schizoide Struktur* beruht auf einer Hemmung des intentionalen Antriebserlebens. Die Folge sind Kontaktstörungen, Misstrauen gegenüber den Mitmenschen, Distanz in Beziehungen und zur Umwelt sowie die Neigung zum Theoretisieren über das Leben.
- *Die depressive Struktur* ist durch ein gehemmtes orales und oral-aggressives Antriebserleben charakterisiert. Es wird durch Furcht und Schuldgefühle blockiert. Auf der einen Seite besteht eine Unfähigkeit, Ansprüche angemessen zu vertreten; auf der anderen bestehen Riesenansprüche, die aber nicht offen gezeigt werden.
- *Die zwanghafte Struktur* beruht auf einer Hemmung der motorisch-expansiven Impulse. An ihrer Stelle entstehen Skrupel und Grübeleien und die bereits von Freud beschriebenen Züge eines »analen« Charakters.
- *Die hysterische Struktur* ist durch eine unzureichende Realitätsprüfung, mangelndes zielgerichtetes Planen und Handeln und eine gehemmte Neugier gekennzeichnet. Sie beruht auf einer Hemmung des infantil-sexuellen Antriebserlebens (zu dem auch die Schaulust gehört). Statt ein eigenes Leben zu leben, wird das Leben anderer kopiert.

Eine besondere Ausformung erhielt der persönlichkeitsstrukturelle Ansatz durch Harald Schultz-Hencke, der in seinem Buch *Der gehemmte Mensch* (1940) eine annähernd vollständige Charaktertypologie vorlegte (▶ Kasten 6). Ihre Besonderheit ist der Versuch, Konzepte von Sigmund Freud, Alfred Adler und C. G. Jung gleichermaßen zu berücksichtigen und zu einer Synopse zusammenzuführen. Daraus leitete er eine analytische Psychotherapie ab, die auf die Bewusstmachung und Durcharbeitung von Lücken und Haltungen ausgerichtet war, die sich in der Persönlichkeitsstruktur – er sprach von Neurosenstruktur – manifestieren.

Dieses Konzept bildete die Grundlage der Neopsychoanalyse und blieb über rund drei Jahrzehnte leitend für einen bedeutenden Teil der Psychoanalytiker in Deutschland, die in der Deutschen Psychoanalytischen Gesellschaft organisiert waren.

Fritz Riemann und seine Charakterkunde

Riemann gilt als einer der bekanntesten Anhänger der neopsychoanalytischen Schule, wenngleich seine Konzepte daneben deutlich auch ein eigenständiges Denken zeigen (▶ Abb. 20). Er wurde 1902 in Chemnitz in einer großbürgerlichen Familie geboren. In großzügigen Verhältnissen aufgewachsen, machte er zunächst eine kaufmännische Lehre, um dann in München Psychologie zu studieren. Er heiratete 1924 und zog sich ins Privatleben zurück, um Gedichte zu verfassen und Studien zu betreiben. Das erweckte sein Interesse an der Psychoanalyse und der Astrologie, eine Verbindung, die ihn von da an sein Leben lang beschäftigte.

1934 begann er in Leipzig seine erste Lehranalyse bei Therese Benedek, die wegen deren Emigration abgebrochen wurde. Die zweite Lehranalyse machte er bei Felix Boehm, die dritte bei Harald Schultz-Hencke, wodurch er unter den Einfluss der Neopsychoanalyse kam. Nach dem Militärdienst ab 1943 als Sanitäter und der englischen Kriegsgefangenschaft baute er in München eine psychoanalytische Praxis auf und initiierte den Wiederaufbau des psychotherapeutischen Ausbildungsinstituts, der späteren Akademie für Psychoanalyse, dessen Vorstand er bis kurz vor seinem Tode im Jahre 1979 war.

Im Zentrum von Riemanns wissenschaftlichem Werk stand die tiefenpsychologische Charaktertypologie. In den *Grundformen der Angst* (1961) beschrieb er in Anlehnung an Schultz-Henckes Neurosenstrukturen vier Persönlichkeitsstrukturen: die schizoide, depressive, zwanghafte und hysterische Persönlichkeit (▶ Kasten 7). Er betrachtete sie als »vier verschiedene Arten des In-der-Welt-Seins« und beschrieb die Grundängste, von denen sie geprägt werden. Daneben bezog er Motivationen zur Partnerschafts- und Berufswahl in seine Persönlichkeitstypologie mit ein. Sein besonderes Interesse galt der Vereinzelung des Menschen in der modernen Gesellschaft. Dazu legte er 1975 die bemerkenswerte Studie *Die schizoide Gesellschaft* vor.

Abb. 20: Fritz Riemann (1902–1979) im Alter von 77 Jahren (Fritz Riemann: Grundformen der Angst. © 47. Auflage 2022, Ernst Reinhardt Verlag München/Basel. www.reinhardt-verlag.de). Riemann war maßgeblich am Wiederaufbau der Psychoanalyse in München beteiligt. Durch sein Buch *Grundformen der Angst* (1961) verschaffte er dem psychoanalytischen Denken breite Anerkennung weit über Fachkreise hinaus.

Daneben beschäftigen ihn sein Leben lang Themen der Astrologie. 1975 veröffentlichte er dazu die Schrift *Lebenshilfe Astrologie – Gedanken und Erfahrungen*, mit der er versuchte, Vorurteilen gegenüber deren Denkweise zu begegnen. Wenngleich er Einschätzungen persönlicher Eigenschaften aus dem Geburtshoroskop auch in der Psychotherapie einbezog, betonte er doch immer die Eigenverantwortung bei der Persönlichkeitsentwicklung.

Kasten 7: Riemanns Persönlichkeitstypologie[16]

Schizoid

- Nahen Kontakt mit anderen vermeiden
- Theoretisch abstrakt denken
- Immer bereit, sich gegen plötzliche Überraschungen abzuschirmen
- Scharfe Beobachtungsgabe
- Kühle Sachlichkeit bewahren
- Kritischer Blick für Tatsachen
- Angst vor mitmenschlicher Nähe

Depressiv

- Mütterlich, fürsorglich
- Helfend, dienend, pflegend
- Aufopferungsfähig, geduldig
- Einfühlend
- Verlustangst
- Geht Spannungen aus dem Weg
- Vermeidet Auseinandersetzungen
- Bescheidenheit, Verzichtsbereitschaft
- Friedfertigkeit, Selbstlosigkeit, Mitgefühl und Mitleid
- Abwartend

Zwanghaft

- Alles »im Namen der Ordnung, der Zucht und des Gesetzes«
- Genauigkeit, Solidität, Präzision, Sorgfalt
- Verantwortung, Übersicht
- Ausdauer, Gründlichkeit, Geduld
- Hohe Sachkenntnis

---

16 Vgl. auch das Lernblatt zu Riemanns Persönlichkeitstypen unter www.online-netzwerk-lernen.de

- Zuverlässig
- Vorsicht, Voraussicht, zielbewusste Planung
- Angst vor Risiko

Hysterisch

- Persönlichkeitsgebunden
- Auf den Augenblick ausgerichtet
- Wendig, kontaktfreudig
- Anpassungsfähig
- Geltungsbedürfnis zum Ausdruck bringen
- Beabsichtigt, persönlich zu wirken
- Unfähigkeit, Bedürfnisspannungen zu ertragen
- Angst vor dem Endgültigen

Riemanns »Grundformen der Angst«

Thema des Hauptwerkes von Riemann war die Verarbeitung von Grundängsten – er nennt sie die Grundformen der Angst – zu bestimmten Persönlichkeitsstrukturen. Dabei ging er davon aus, dass die Ursache aller Ängste darin begründet sei, dass das menschliche Leben »zwei großen Antinomien« – an anderer Stelle heißt es »Zumutungen« – ausgesetzt ist, »die wir in ihrer Gegensätzlichkeit und Widersprüchlichkeit leben sollten«. Diese Antinomien[17] beziehen sich auf Forderungen an die Existenz, der jedes Leben unterliegt.

Die erste Antinomie ist die von Selbstverwirklichung/Ich-Werdung und Selbsthingabe/Ich-Aufgabe. Ihr liegen zwei unvereinbare Forderungen zugrunde:

---

17 Der Begriff Antinomie stammt aus dem Griechischen (antinomos – die Unvereinbarkeit von Gesetzen) und ist zentral in der neopsychoanalytischen Konzeption von Harald Schultz-Hencke. In Der gehemmte Mensch (1940) beschreibt er die Unvereinbarkeit polar gegensätzlicher Lebensinteressen als Antinomie und sieht darin eine wesentliche Wurzel der Neurosenentstehung.

- die Forderung, sich dem Leben und den Mitmenschen gegenüber zu öffnen, sich einzulassen und auszutauschen. Dieser Forderung steht die Angst vor Ich-Verlust, Auslieferung und Abhängigkeit entgegen;
- die Forderung, ein einmaliges Individuum zu werden, sein Eigendasein zu bewahren und sich abgrenzen; gegenüber dieser Forderung besteht die Angst vor Isolierung, Einsamkeit, Nichtzugehörigkeit.

Die zweite Antinomie ist die von Dauer und Wandlung. Sie beruht auf zwei Forderungen:

- Überdauern anstreben und Zielen nachgehen. Dagegen entwickelt sich die Angst, zu wagen und sich dem Fluss des Lebens zu überlassen;
- zum Wandel bereit zu sein, Vertrautes aufzugeben und Abschied nehmen zu können, wogegen sich die Angst vor Festlegung, Einengung und Begrenzung richtet.

Kasten 8: Die vier Grundformen der Angst nach Riemann (1961)

- *Angst vor Selbsthingabe,* erlebt als Ich-Verlust und Abhängigkeit
- *Angst vor Selbstwerdung,* erlebt als Ungeborgenheit und Isolierung
- *Angst vor der Wandlung,* erlebt als Vergänglichkeit und Unsicherheit
- *Angst vor der Notwendigkeit,* erlebt als Endgültigkeit und Unfreiheit

---

Damit gelangte Riemann zur Differenzierung von vier Grundängsten (▶ Kasten 8). Sie bilden das Raster für seine minutiöse Abhandlung über die Ausformung der oben genannten Persönlichkeitstypen als Versuch, einer der Grundängste auszuweichen. Das Ergebnis dieses Prozesses ist nicht nur von psychologischen Faktoren abhängig, sondern auch von der Konstitution und den Lebensumständen. Das Ergebnis dieser Analyse fasste er selbst so zusammen:

- Personen, deren grundlegendes Problem die Angst vor der Hingabe ist, werden zu schizoiden Persönlichkeiten, die die Selbstbewahrung überbewerten.

- Die Angst vor der Selbstwerdung kann zur depressiven Persönlichkeitsstruktur führen.
- Bei den zwanghaften Persönlichkeiten wird die Angst vor der Wandlung zur dauerhaften Sorge.
- Aus der Angst vor der Notwendigkeit kann schließlich ein hysterischer Persönlichkeitstyp entstehen.

Mit dieser Abhandlung ist es Riemann offensichtlich gelungen, eine Phänomenologie von Ängsten zu entwerfen und zu erklären, die auch den nicht psychoanalytisch versierten Laien überzeugt. Dieser Ansatz trifft offenbar bis heute auf ein weit verbreitetes Interesse. Dafür sprechen die überwältigenden Verkaufszahlen seines Buches: Gegenwärtig rund 1 Million verkaufte Exemplare in 47 Auflagen!

Dagegen ist seine Typologie in Fachkreisen wenig rezipiert worden. Das liegt einerseits daran, dass seine Konzepte wenige Anknüpfungspunkte an die gängigen psychoanalytischen Theorien haben und sie die unbewusste Dimension des Angsterlebens zugunsten einer mehr phänomenologischen Sichtweise vernachlässigten, und dass andererseits das neopsychoanalytische Denken, an dem er sich orientiert hatte, seit den 1975er Jahren zunehmend an Bedeutung verloren hat.

Karl König und sein Beitrag zur Psychoanalyse

Aus der Tradition der persönlichkeitsstrukturellen Orientierung stammt auch das Denken von Karl König (▶ Abb. 21), der sich mit dem Verblassen der Neopsychoanalyse allerdings der britischen Objektbeziehungstheorie und dem integrativen Ansatz von Otto F. Kernberg[18] zuwandte und diese mit eigenen Ideen verband. Dabei interessierten ihn nicht nur Themen der

---

18 Otto F. Kernberg verband die britische Objektbeziehungstheorie mit der amerikanischen Ich-Psychologie und gelangte so zu einem weiterführenden integrativen Ansatz (Kernberg 1976).

Behandlungstheorie wie Übertragung, Gegenübertragung, Abwehr, Widerstand oder Abstinenz, sondern auch Anwendungen der Psychoanalyse in Gruppen, bei Paaren und in der Klinik. Allein in den Jahren 1990 bis 2010 verfasste er darüber rund 30 Monografien.

König wurde 1931 in Reichenbach im Sudetenland geboren und verstarb 2018 in Göttingen. Er studierte an verschiedenen Universitäten Medizin und machte in Heidelberg seinen Studienabschluss. Nach einer Ausbildung zum Internisten in Hamburg absolvierte er seine psychoanalytische Ausbildung in Göttingen, die er 1972 abschloss. 1968–1981 arbeitete er in der psychoanalytischen Klinik Tiefenbrunn bei Göttingen, deren Konzepte damals von der Neopsychoanalyse geprägt waren. Zusammen mit Annelise Heigl-Evers, Franz Heigl, Wulf Volker Lindner u. a. entwarf er das Göttinger Modell der analytischen Gruppentherapie, das die Trias interaktionelle, tiefenpsychologisch orientierte und analytische Gruppenpsychotherapie konzeptualisierte. 1977–1993 leitete er in Göttingen das psychoanalytische Ausbildungsinstitut. 1981–1997 war er dort an der Universität Professor für klinische Gruppenpsychotherapie.

Zu den populärsten Büchern gehört seine *Kleine psychoanalytische Charakterkunde* (1992). In Anlehnung an Fritz Riemann beschreibt er darin sechs Charaktertypen, wobei er Riemanns Systematik durch die narzisstische und die phobische Persönlichkeit ergänzte.

Königs Beitrag zum Angstverständnis

In seinem Buch *Angst und Persönlichkeit* (1981) machte Karl König den integrativen Ansatz von Otto F. Kernberg für das Verständnis von Patienten mit Angsterkrankungen nutzbar. Dabei bezog er auch die Selbst-Psychologie in sein Verständnis vom Angstpatienten mit ein. Er beschrieb einen basalen ich-strukturellen Defekt, der die Grundlage des phobischen Charakters darstellt. Den Begriff Phobie verwendete er sehr umfassend für Persönlichkeiten, die manifest unter Angst leiden, unabhängig von der individuellen Psychodynamik und Angstgestaltung, oder die eine latente Bereitschaft haben, an einer Angststörung zu erkranken. Diese Begrifflichkeit unterscheidet sich von der psychiatrischen Terminologie und

Abb. 21: Karl König (1931–2018) verband in seinem Buch *Angst und Persönlichkeit* die neopsychoanalytische Persönlichkeitstypologie mit der ichpsychologischen Objektbeziehungstheorie und gelangte so zum Konzept des steuernden Objekts für das Verständnis des phobischen Charakters (© Frank Lemburg, Göttingen).

entspricht den dort gängigen Bezeichnungen »Angststörung« und »ängstliche Persönlichkeitsstörung«.

Der Strukturdefekt, der diesen Persönlichkeiten gemeinsam ist, äußert sich in einer spezifischen Art der narzisstischen Verwendung anderer als »steuerndes Objekt«. Aus der Sicht der Selbst-Psychologie spricht man auch von der Verwendung des Anderen als ein Selbstobjekt (Kohut 1977). Dabei können die steuernden Selbstobjekt-Funktionen sowohl Personen als auch dinglichen Objekten, z. B. Tabletten usw., ja sogar einem »steuernden« Kinderwagen als Begleiter und Angstschutz zugeschrieben werden. In dieser Funktion werden sie also als Teilobjekte[19] gesehen und nicht

---

19 Im Sinne der Klein'schen Objektbeziehungstheorie: Objekte, die nur in bestimmten Funktionen für das Subjekt bedeutungsvoll sind.

in ihrer Ganzheit (und Widersprüchlichkeit) bzw. Gegenständlichkeit. Dieser Defekt geht auf die mangelhafte Verinnerlichung steuernder Objekterfahrungen mit der Mutter zurück. Darin sieht König ein »phobogenes Mütterverhalten«.

Mit diesem Konzept lenkte er die Aufmerksamkeit auf die Entwicklungsreihe

- Mangelnde Erfahrung mit steuernden Funktionen primärer Realobjekte
> Unzureichende Verinnerlichungsprozesse
> Mangelhafte Ausbildung des steuernden Ich-Anteils (steuernde Ich-Funktionen)
> Schutzlosigkeit gegenüber Willkürimpulsen
> Entwicklung realer Angst
> Angstvermeidung
> Suche nach steuernden Selbstobjekten als Ersatzobjekte in der Außenwelt.

Den Kern bilden demnach unzureichende steuernde Erfahrungen mit den Primärobjekten oder die mangelhafte Umsetzung solcher Erfahrungen in innere Struktur. Das steuernde Selbstobjekt substituiert Mängel in der frühen Beziehung zwischen Mutter und Kind. Geht sein Schutz verloren, dann sind die Betroffenen vielfältigen Ängsten ausgeliefert und nicht mehr in der Lage, Anforderungen adäquat zu bewältigen.

Damit grenzte König sich von der seinerzeit vorherrschenden klinischen Auffassung ab, in der Phobien überwiegend als ödipale Störungen betrachtet wurden, und verlegte den Bezugsrahmen in den Bereich der frühen Selbstobjekt-Erfahrungen. Neben dem Wert dieses Konzeptes für die psychoanalytische Praxis ist es ein Markstein, an dem deutlich wird, wie die Verknüpfung von Ich-Psychologie und Objektbeziehungstheorie durch Kernberg, aber auch der selbst-psychologische Ansatz von Kohut, Eingang in die neuere deutschsprachige Psychoanalyse gefunden hat.

6. Vorlesung
Diagnostik und Behandlungsstrategien

Klinische Diagnostik der Angststörungen

Die zeitgemäße Diagnostik und Klassifikation von Angststörungen ist durch einen mehrdimensionalen Ansatz geprägt. Er umfasst die Phänomenologie, die Ätiologie und das strukturelle Entwicklungsniveau.

Klinische Phänomenologie

Die erste Dimension betrifft die klinische Phänomenologie[20]. Um sie systematisch zu erfassen, gibt es verschiedene Raster. Am häufigsten wird heute die internationale Klassifikation nach ICD-10[21] (▶ Kasten 9) verwendet. Sie unterscheidet zwischen phobischen (gebundenen) Angststörungen (ICD-10: F40) und anderen (frei flottierenden, ungebundenen) Angststörungen (F41). Als dritte Gruppe kommen hypochondrische und krankheitsphobische Störungen hinzu, die sich bevorzugt in körperlichen und körperbezogenen Angstäquivalenten wie z. B. in Tachykardien zeigen. Sie werden in der ICD allerdings als somatoforme Störungen (F45) und nicht als Angststörungen kategorisiert.

---

20 Im ▶ Kasten 10 findet sich eine Übersicht über die klinischen Manifestationsformen der Angststörungen.
21 International Classification of Diseases, 10. Version, Kapitel F

Kasten 9: Klassifikation der Angststörungen nach ICD-10

F40 Phobische Angststörungen

- F40.0 Agoraphobie
- F40.1 Soziale Phobie
- F40.2 Spezifische (isolierte) Phobie (einschließlich Akrophobie, einfache Phobie, Klaustrophobie, Tierphobie)

F41 Sonstige Angststörungen

- F41.0 Panikstörung (episodisch paroxysmale Angst)
- F41.1 Generalisierte Angststörung (einschließlich Angstneurose, Angstreaktion, Angstzustand)
- F41.2 Angst und depressive Störung gemischt
- F41.3 Gemischte Angststörung (Angst und andere Störung gemischt)

F43 Reaktive und posttraumatische Störungen

- F43.0 Akute Belastungsreaktion
- F43.1 Posttraumatische Belastungsstörung
- F43.2 Anpassungsstörung

F45 Somatoforme Störungen

- F45.2 Hypochondrische Störung
- F45.30 Somatoforme autonome Funktionsstörung des kardiovaskulären Systems (Herzangstneurose)

F60 Ängstliche und abhängige Persönlichkeitsstörung

- F60.6 Ängstliche Persönlichkeitsstörung
- F60.7 Abhängige Persönlichkeitsstörung

Im weiteren Sinne sind auch die ängstlichen (F60.6) und die abhängigen Persönlichkeitsstörungen (F60.7) zu den Angststörungen zu rechnen. Bei ihnen stehen jedoch weniger Angstsymptome im Zentrum des Krankheitsbildes als überdauernde Verhaltensmuster und Persönlichkeitszüge (»Ängstlichkeit«), die den Hintergrund für vielfältige komorbide Störungen darstellen.

Von diesen Angststörungen, die auf der Basis von disponierenden neurotischen Entwicklungen entstehen, werden Angstsyndrome als Folge unspezifischer Belastungen abgegrenzt und nach der ICD als Anpassungsstörungen (F43.2) oder als posttraumatische Störungen (F43.1) klassifiziert.

Ätiologie und Entwicklungsdiagnostik

Die zweite Dimension betrifft die Ätiologie und das Entwicklungsniveau. Hier unterscheiden wir zwischen Neurosenpathologie (»neurotisch« im weiteren Sinne, d.h. auf der Basis einer vorbestehenden disponierenden dysfunktionalen Entwicklung), Traumapathologie und reaktiver Pathologie, und innerhalb der Gruppe der Neurosen zwischen Entwicklungspathologie, präödipaler Pathologie und Konfliktpathologie.

Diese Kategorisierung wird ergänzt durch eine dritte Dimension: die strukturelle Entwicklungsdiagnostik. Sie ist vor allem durch den bereits erwähnten integrativen entwicklungsdiagnostischen Ansatz von Otto F. Kernberg (1976) angeregt worden und betrachtet Angst und Angststörungen unter ich-strukturellen, objektbeziehungstheoretischen und entwicklungsdynamischen Gesichtspunkten (▶ Tab. 4).[22] Danach ergeben sich folgende Untergruppen:

- *Strukturelle Angststörungen* treten im Rahmen einer Entwicklungspathologie auf und beruhen auf einer Fixierung auf dem niederen Strukturniveau. Sie sind durch strukturelle Symptomängste[23] gekennzeich-

---

22 Diesen Ansatz habe ich in modifizierter Form in meinem Lehrbuch Ermann M (1994) Psychosomatische Medizin und Psychotherapie, 7. Auflage 2020, dargestellt.

23 ▶ 1. Vorlesung, Abschnitt »Angst im klinischen Kontext«

net, z. B. durch eine Agoraphobie bei niederem Strukturniveau. Sie gehören im klinischen Sprachgebrauch zu den Borderline-Störungen. Wie alle Störungen auf niederem Strukturniveau sind strukturelle Angststörungen durch dysfunktionale Ich-Funktionen gekennzeichnet. Daher kommt es unter unspezifischen Belastungen zur Desintegration der bereits ohnehin schwach entwickelten Ich-Organisation. Die Angstentstehung ist hier Folge einer Ich-Schwäche.

Eine Sonderform bilden *psychotische Angststörungen* bei einem drohenden Verlust des Realitätsbezugs und einem drohenden Strukturverlust.[24] Hier handelt es sich um die namenlose Angst in der Konzeption von Bion (1957) (▶ 3. Vorlesung), also um Angst vor der Überschwemmung durch archaische Phantasien und Affekte, die das Selbst zerstören.

- *Präödipale Angststörungen* entwickeln sich auf der Basis einer relativ gut (»mäßig«) integrierten Persönlichkeit auf dem mittleren strukturellen Entwicklungsniveau. Die Angst ist hier zumeist eine Abwehr von Wut und anderen überwältigenden Affekten, die im Zusammenhang mit Kränkungen und Verletzungen oder mit Trennungen und Verlassenheit auftreten. Sie kommt bei einer Vielzahl von Angststörungen auf mittlerem Strukturniveau vor, z. B. als Agoraphobie bei einem präödipalen Autonomiekonflikt oder als Panikattacken bei präödipaler narzisstischer Persönlichkeit.

  Die Angstneigung ist auch ein Merkmal der ängstlichen und abhängigen *Persönlichkeitsstörungen*. Sie prägt bei diesen Störungen als überdauerndes Merkmal die Persönlichkeit und tritt als andauerndes Verhaltensmuster und weniger in umschriebenen Krankheitsepisoden in Erscheinung. Bevorzugt kommen sie auf mittlerem Strukturniveau vor und neigen zur Komorbidität mit anderen psychischen und psychosomatischen Störungen, z. B. als depressive Störung bei ängstlicher Persönlichkeit(-sstörung) auf mittlerem Strukturniveau.

- *Neurotische Angststörungen* (»neurotisch« im engeren Sinne, d. h. im Sinne der Abwehr von verdrängten Konflikten) entstehen aus einer Konfliktpathologie auf einem deutlich höheren strukturellen Entwicklungsniveau. Hier handelt es sich um gut integrierte Persönlichkeiten, die spezielle Konflikte, zumeist Beziehungs- und Triebkonflikte, nicht

---

24 Vgl. Benedetti (1984), Schwarz (1984)

bewältigen können. Sie weisen jedoch keine Defizite in der Grundstruktur auf. Zur Konfliktbewältigung werden Mechanismen der Verdrängungsabwehr eingesetzt. Die Angstentstehung weist hier auf eine dysfunktionale Abwehrleistung hin.

Tab. 4: Ätiologie und Entwicklungsdiagnostik der psychogenen Angststörungen

	Neurotische Pathologie			Trauma-Pathologie	Reaktive Pathologie
	Entwicklungs-Pathologie	Präödipale Pathologie	Konflikt-Pathologie		
Klinisches Syndrom	Strukturelle Angststörung	Präödipale Angststörung	Neurotische Angststörung	Posttraumatische Angststörung	Reaktive Angststörung
Strukturelles Entwicklungsniveau	Niederes Strukturniveau	Mittleres Strukturniveau	Höheres Strukturniveau	Variabel	Reifes Strukturniveau
Kernkomplex	Basale Entwicklungsdefizite	Beeinträchtigte Autonomieentwicklung	Verdrängte Entwicklungskonflikte	Verdrängtes Trauma	Psychosoziale Belastung
Abwehrtypus	Spaltung und Projektion	Identifizierung, Idealisierung/ Entwertung	Verdrängung	Dissoziation	Unspezifisch
Auslösesituation	Strukturverlust	Kränkung, Objektverlust	Konfliktaktivierung	Traumaerinnerung	Überforderung
Mechanismus der Dekompensation	Offenlegung der Ich-Schwäche	Labilisierung der Selbstregulation	Dysfunktionale Abwehr	Traumaaktivierung	Erschöpfung der Bewältigung

Wir fassen die Angststörungen auf der Basis der Entwicklungs-, präödipalen und Konfliktpathologie unter dem Oberbegriff *neurotische Angststörungen* zusammen. »Neurotisch« wird hier im weiteren Sinne verstanden, d. h. auf der Basis einer entwicklungsbedingten Disposition zur Krankheitsentstehung.

Dazu gehören neben den eigentlichen, durch Angstsymptome geprägten neurotischen Angststörungen auch die erwähnten *ängstlichen und abhängigen Persönlichkeitsstörungen*. Sie sind durch eine anhaltende Angstneigung als überdauerndes Merkmal der Persönlichkeit geprägt. Sie kommen, wie gesagt, auf allen drei Ebenen des strukturellen Entwicklungsniveaus vor. Bevorzugt handelt es sich jedoch um präödipale Störungen auf mittlerem Strukturniveau.

Von den neurotischen Angststörungen werden reaktive und posttraumatische Angststörungen abgegrenzt, die keine disponierenden neurotischen Fixierungsstellen haben.

- *Posttraumatische Angststörungen* sind die Folge von traumatischen Erfahrungen, d. h. katastrophalen seelischen Verletzungen. Hier wird die traumatische Erfahrung abgekapselt und birgt ein Potential zur Desorganisation, wenn Traumaerinnerungen wiederbelebt werden oder eine Retraumatisierung stattfindet. Die Angst beruht in diesen Fällen, ähnlich wie bei strukturellen Angststörungen, auf der Wahrnehmung der Desintegration, die als tiefe Gefahr für das Selbst erlebt wird.
- *Reaktive Angststörungen* entstehen durch unspezifische Überforderungen auf der Basis eines reifen Entwicklungsniveaus bei akuten oder chronischen psychosozialen Belastungen.

Die Unterscheidung zwischen neurotischen Angststörungen mit entsprechender neurotischer Disposition und reaktiven bzw. posttraumatischen Angststörungen, die aus voller Gesundheit heraus entstehen können, lässt sich in der Praxis allerdings nicht immer nachvollziehen. Denn tatsächlich sind mehr oder weniger ausgeprägte neurotische Dispositionen bei den meisten Menschen vorhanden. Sie sind aber häufig verborgen (»larviert«) und werden erst im Rahmen regressiver Prozesse erkennbar, die im Krankheitsverlauf auftreten können. Diese Unschärfe stellt aber den Wert einer grundsätzlichen Klassifikation von Angststörungen nach den Kriterien Ätiologie und Strukturniveau nicht infrage.

Wir verfügen heute über elaborierte Raster, die eine psychoanalytisch begründete Klassifikation durch die Beurteilung von Ich-Funktionen, Konfliktmustern und Objektbeziehungen ermöglichen. Eines ist in der OPD (Operationalisierte Psychodynamische Diagnostik) niedergelegt, die aber vor allem in der Forschung Verwendung findet.

Der ▶ Kasten 10 gibt abschließend eine Übersicht über die klinischen Merkmale der Angststörungen.

Kasten 10: Angsterkrankungen und ihre klinischen Merkmale

Panikstörung

- *Rezidivierende Angstanfälle:*
  - Intensive Gefühle der Bedrohung und Beklemmung bis hin zu Vernichtungs- und Todesängsten
  - Depersonalisations- und Derealisationserlebnisse
- Im anfallsfreien Intervall:
  - Angst vor der Angst
  - Angst vor dem Alleinsein
- Vegetative Begleitsymptome:
  - Atemnot, Hyperventilation
  - Herzrasen, -stolpern
  - Schwitzen, Zittern
- Phobische Weiterverarbeitung

Generalisierte Angststörung

- *Frei flottierende, multiple Ängste*
- Psychische Begleitsymptome:
  - Innere Unruhe, Erwartungsspannung, auch Panik bis hin zu Entfremdungserlebnissen und Todesangst

– Zunehmende Depressivität
– Konzentrations- und Leistungsstörungen
• Körperliche Begleitsymptome
– Multiple psychovegetative Beschwerden, Atemnot, Schwitzen, Schlafstörungen
• Herz-Kreislauf-Störungen

Phobische Angststörungen

• **Allgemeine Merkmale**
– *Phobische Angst*:
Beklemmung, Spannung bis hin zu Entfremdungserleben in bestimmten Situationen oder im Kontakt mit bestimmten Objekten (gebundene, gerichtete Angst)
– Psychovegetative Begleitsymptome:
Herz-Kreislaufstörungen (Herzrasen, hypertone bzw. hypotone Reaktionen); Atemnot; Schwindel, Schwitzen, Zittern
– *Erwartungsangst*:
Angst vor der phobischen Angst bis hin zur Gewissheit, sie werde in bestimmten Situationen auftreten
– Angst, in Ohnmacht zu fallen;
– Vermeidungsverhalten bezogen auf die angstauslösenden Stimuli
– *Angstschutzverhalten*:
Anklammerung an Personen (»steuernde [Selbst-]Objekte«)
Angstverringerung durch Begleitung (Personen und Gegenstände)
• **Situationsphobien**
– *Agoraphobie*:
Ängste beim Aufenthalt auf Straßen, Plätzen oder überhaupt in der Öffentlichkeit, speziell in Versammlungen
– *Klaustrophobie*:
Ängste in geschlossenen Räumen, Fahrstühlen, in Menschenansammlungen
– *Fahrphobien*:
Angst bei der Fortbewegung, Flugangst, Angst beim Eisenbahn-

fahren, Autofahrangst; sie sind von einer Klaustrophobie kaum abgrenzbar.
- **Soziale Phobie**
  - *Angst vor Menschen*, besser: vor dem und beim Zusammensein mit Menschen
  - Angstkorrelate, z. B. Erröten (Erythrophobie), Zittern oder Herzrasen, manchmal begrenzt auf bestimmte Tätigkeiten oder Absichten, z. B. in Gesellschaft zu essen, öffentlich zu sprechen.
- **Isolierte Phobien (Monophobien)**
  - *Tierphobien*: Schlangenphobie, Spinnenphobie, Mäusephobie u. a.
  - *Höhenängste* (Akrophobie)
  - *Aichmophobie* (Angst vor spitzen Gegenständen): Nadelphobie, Messerphobie
  - Es gibt ein unüberschaubares Spektrum von Möglichkeiten für eine phobische Angstbindung

Hypochondrische Angststörung

- **Krankheitsphobische Angststörung**
  - *Krankheitsphobie:* Anhaltende Besorgnis um die Gesundheit und das Wohlbefinden, andauernde Beobachtung des Körpers
  - Überbewertung und Fehlinterpretation unspezifischer Körperphänomene und banaler Funktionsstörungen
  - Unbegründete Angst vor Krankheiten
  - Überzeugung, an einer bestimmten (unentdeckten) Erkrankung zu leiden
  - Weigerung zur Veränderung dieser Überzeugung durch Untersuchungen und Informationen
- **Körperdysmorphe Angststörung**
  - *Dysmorphophobie:* Andauernde Besorgnis um das Aussehen, andauernde Beschäftigung mit der Gestalt
  - Fehleinschätzung der tatsächlichen Gegebenheiten im Vergleich zu anderen
  - Unbegründete Angst vor Entstellungen
  - Überzeugung, bestimmte Körperteile seien missgestaltet

- Drängender Wunsch nach Korrektur, z. B. nach kosmetischer Operation

Ängstliche und abhängige Persönlichkeitsstörung

- **Ängstliche Persönlichkeitsstörung**
  - Selbstunsicherheit, Ängstlichkeit, Vermeidungstendenz, fortwährende Beziehungssuche
- **Abhängige Persönlichkeitsstörung**
  - Trennungs- und Verlassenheitsangst, Anlehnungsbedürfnis
  - Unterordnung, Selbstzweifel, Minderwertigkeitsempfinden

Behandlungsstrategie

Die Aufgaben und Probleme der Behandlung von Angstpatienten hängen stark von der Art der Angststörung und vom Chronifizierungsstadium ab. Die Hauptprobleme sind

- das *geringe Psychogeneseverständnis* der Patienten und ihr Festhalten an exogenen Krankheitsvorstellungen,
- das *Vermeidungs- und Anklammerungsverhalten:* Es ist ein Merkmal der ängstlich-abhängigen Persönlichkeit und tritt bei den meisten Angstpatienten im Verlauf auf. Es führt zum sozialen Rückzug mit all seinen negativen Folgen. Häufig bilden sich auf Dauer Familienneurosen in Gestalt einer Art Festung um den Angstpatienten herum, der die Familie mit seinen Ängsten unter Kontrolle hält und sich damit Sicherheit verschafft.
- die häufige *Persistenz der Symptomatik,* die auch an biologische Dispositionen denken lässt,

- die *Somatisierung der Angst* und die iatrogene Fixierung auf körperliche Angstäquivalente, z. B. bei der Herzneurose, sowie
- die *Suchtgefahr*, speziell die Medikamenten- und Alkoholabhängigkeit.

Entscheidend für die psychodynamische Behandlungsstrategie ist das Verhältnis zwischen konfliktbedingter und struktureller Angst, verbunden mit der Einschätzung des strukturellen Entwicklungsniveaus. Daraus ergibt sich die Differentialindikation zwischen Konflikt- und Strukturorientierung oder, anders gesagt, zwischen Deutung und Unterstützung. Das soll zum Abschluss an drei kleinen Kasuistiken deutlich gemacht werden.

Neurotische (konfliktbedingte) Angststörungen

Bei typisch konfliktbedingten Angststörungen, d. h. bei Angststörungen auf einem höheren Strukturniveau, ist im Allgemeinen ein konfliktaufdeckender Behandlungsansatz indiziert. Die Angst dieser Patienten wurzelt im Allgemeinen in unbewussten Beziehungsproblemen, in denen sich ungelöste Kindheitskonflikte abbilden. Hier handelt es sich also um klassische neurotische Störungen mit der Indikation zur tiefpsychologisch fundierten oder analytischen Psychotherapie. Beispiele sind die isolierten, monosymptomatischen Phobien, z. B. eine Spinnen- oder Nadelphobie.

In der psychodynamischen Behandlung rücken die aktuellen Beziehungskonflikte der Patienten in das Zentrum. Sie betreffen meistens die Partnerschaft und Familie oder den Beruf. Sie werden in Hinblick auf verdrängte Gefühle, Phantasien und Erfahrungen untersucht. Deren Einfluss auf das Erleben und Verhalten im Alltag wird durchgearbeitet. Ausgehend von Alltagsthemen werden die dysfunktionalen Verhaltensmuster aufgedeckt, welche die Beziehungen prägen. In der tiefpsychologisch fundierten Psychotherapie wird die Behandlung dabei auf einen aktuellen Fokus zentriert. Dieser wird aus den dominanten Beziehungsmustern und der Auslösesituation erschlossen. In längerfristigen analytischen Behandlungen werden dabei auch regressive Prozesse, Übertragungen und Inszenierungen genutzt, um die unbewussten Prozesse aufzudecken und zu bearbeiten.

Dazu ein Beispiel: Eine Angstpatientin mit einer Agora- und Klaustrophobie befand sich bei mir in einer tiefenpsychologisch fundierten Psychotherapie. Sie war gekommen, weil sie nur mit allergrößten Schwierigkeiten allein auf die Straße gehen oder Fahrstuhl und U-Bahn fahren konnte. Wenn sie es versuchte, wurde sie von heftiger Panik überfallen und musste umkehren oder in einem Hausflur Schutz suchen. Deshalb musste die Therapie in einer Klinik eingeleitet werden, weil sie anfangs den Weg zu einer ambulanten Behandlung nicht schaffte.

Es handelte sich um eine ledige Frau Mitte 30, die seit Jahren allein bei ihrer verwitweten Mutter lebte, nachdem ihre einzige bisherige Partnerschaft mit einem Betrüger nach viel Hin und Her zerbrochen war. Dieses Ende der Beziehung hatte die Mutter mit der höhnischen Bemerkung kommentiert: »Das hab' ich ja gleich gewusst ...« In der Behandlung wurde rasch deutlich, dass die Patientin voller Hass auf ihre Mutter war, von der sie sich ständig kritisiert, gegängelt und ausgenutzt fühlte. Sie hätte »lieber heut als morgen« die gemeinsame Wohnung verlassen, aber Schuldgefühle, was dann aus der Mutter werden würde, standen ihr im Weg.

Ein Traum half uns zu verstehen, was hinter ihren Ängsten stand: Sie träumte, sie würde ein Flugzeug verpassen, das sie nach Sydney [»ans andere Ende der Welt«] bringen sollte. Dieser Traum machte ihr die Fluchtimpulse bewusst, die den Hintergrund ihrer Ängste bildeten und in der weiteren Behandlung vertieft bearbeitet werden konnten. Dabei kamen Wut, Hass und Schuldgefühle zum Vorschein. Nach und nach gelang es ihr, diese bisher abgespaltenen Gefühle anzuerkennen und zu mäßigen und ein verändertes Bild von sich und von ihrer Mutter aufzubauen. Das half ihr, Abstand zu finden und sich schließlich auch eine eigene Wohnung zu nehmen. Inzwischen konnte sie sich auch frei auf der Straße bewegen.

Strukturbedingte Angststörungen

Strukturelle Angststörungen treten im Rahmen einer Entwicklungspathologie auf und verweisen auf ein niederes, gering integriertes Strukturniveau. Sie sind durch diffuse Ängste gekennzeichnet, die in allen möglichen Situationen auftreten und auf eine Ich-Schwäche und defizitäre Ich-Funktionen hinweisen. Wiederkehrende angstauslösende Problemsituationen lassen sich bei diesen Störungen nicht ausfindig machen. Die Angstentstehung ist vielmehr Folge der Ich-Schwäche. Diesen Patienten fehlen Mittel und Wege, um mit den Aufgaben, Spannungen und Belastungen des Lebens umzugehen. Dementsprechend sind die Ängste vom Inhalt her unspezifisch und meistens mit einer Vielzahl fluktuierender weiterer Symptome verbunden.

Bei diesen Entwicklungsstörungen geht es in der Behandlung um Nachentwicklung und Ausgleich der strukturellen Defizite. Hier kommt der strukturorientierte Ansatz zum Tragen, wie er zum Beispiel von Rudolf (2004) entwickelt worden ist, während ein konfliktorientiertes Verfahren die Patienten nicht erreicht und im Allgemeinen nicht zum Ziele führt. So wird man einem Studenten mit einer strukturbedingten Prüfungsangst vermutlich helfen, wenn man mit ihm seine Fähigkeit zum planenden Denken untersucht und ihn bei der Strukturierung seines Alltags und seines Lernverhaltens unterstützt. Es kann sich dabei herausstellen, dass er sich bei seinen Prüfungsvorbereitungen heillos in ein Gedankenwirrwarr verstrickt und schließlich unter Zeitdruck gerät und in Panik verfällt. Dann kann man ihm helfen, indem man mit ihm das Problem sehr kleinschrittig auflöst und ihn anregt, bei seiner Vorbereitung für jeden der notwendigen Schritte eine Strategie zu entwickeln. Auf diese Weise kann er mit Hilfe des Therapeuten erkennen, dass er sich womöglich überschätzt und übernimmt, wenn er seine Zeit nicht besser plant und strukturiert.

Auch dazu Beispiel: Ich erinnere mich stellvertretend für andere an eine Patientin, die wiederholt mit dem Satz ihre Stunden eröffnete: »I hoab so Angst, weiß net wovor, einfach nur Angst.« Diese Zustände übertrugen sich, so dass auch ich eine diffuse Spannung in mir spürte, eine angstvolle Beklemmung, die mich hilflos machte. Ich fühlte mich wie gelähmt und bemerkte erst nach und nach, dass ich in solchen Situationen aufgehört hatte, zu denken und genau hinzuspüren, was mir eigentlich Angst machte. Das half mir, auch meine Patientin zu verstehen: Es war nämlich ihr großes Problem, dass sie ihre Gefühle nicht lesen und verstehen konnte und sich ihren diffusen inneren Spannungen ausgeliefert fühlte, die sie dann als Angst erlebte.

Ich begann nun, genauer auf meine Gefühle zu achten und mit ihr zusammen zu betrachten, was sie fühlte und erlebte, wenn wir Situationen aus ihrem Alltag und insbesondere auch Szenen zwischen uns anschauten. Nach und nach lernte sie, indem wir beide da hinspürten und uns austauschten, genauer zwischen verschiedenen Gefühlsqualitäten und zwischen dem Eigenen und Fremdem zu unterscheiden. Das half ihr, sich nicht mehr so hilflos ausgeliefert zu fühlen und ihr Leben vorausblickender zu planen. Dadurch gelang es ihr auch besser, sich vor Situationen zu schützen, die sie bisher hilflos gemacht hatten. Dieser Verlauf war typisch für die Behandlung einer strukturschwachen Angstpatientin. Ihre Angstzustände haben sich dabei gemäßigt.

Präödipale Angststörungen

Den Bereich zwischen konfliktbedingten und strukturellen Angststörungen bilden die präödipalen Angststörungen. Sie sind die typischen und häufigsten Angststörungen in der psychotherapeutischen Praxis. Bei ihnen vermischen sich Konfliktpathologie und Strukturpathologie. Wir sprechen vom mittleren Strukturniveau.

Die Konfliktpathologie dieser Patienten unterscheidet sich strukturell nicht von der bei reiferen neurotischen Störungen. Hier wie dort geht es um Beziehungen, Familie und Beruf. Inhaltlich bildet zumeist eine Verstrickung in einen Autonomie-Abhängigkeits-Komplex das psychodynamische Zentrum. Daneben besteht eine Strukturpathologie mäßigen Ausmaßes. Sie ist zumeist begrenzt und betrifft die Labilität des Selbst, also der Vorstellung, wer und wie man selbst ist. Diese Selbstunsicherheit ist das Ergebnis einer narzisstischen Entwicklung mit unzureichenden Spiegelungserfahrungen. Diese Patienten sind auf die Unterstützung und Anerkennung durch andere angewiesen, um ihr inneres Gleichgewicht stabil zu halten. Sie sind angewiesen auf ein unterstützendes »Selbstobjekt«, das Zuwendung, Beachtung und Bestätigung vermittelt und die narzisstischen Defizite ausgleicht, die bei diesen Patienten unter Belastungen zum Tragen kommen.

Wenn diese Unterstützung gefährdet wird, zum Beispiel bei Trennungen, Verlusterlebnissen, aber auch bei Kränkungen und Verletzungen oder in Beziehungskrisen, dann ist die Selbstregulation bedroht. Es entsteht die zunächst unbewusste Angst, den anderen und schließlich sich selbst zu verlieren. Diese Angst erzeugt überwältigende Wut und Vernichtungsphantasien, die sich gegen die richtet, die einen durch ihr Verhalten kränken oder von denen man sich abhängig und im Stich gelassen fühlt. Wut und Schuldgefühl schaffen unerträgliche Spannungen. Sie bedrohen das Ich und kommen als Symptomangst ins Bewusstsein. Letztlich geht es bei der präödipalen Angst also um die Angst um das als bedroht erlebte Selbst, aber auch um die Angst um den Anderen, den man braucht und der durch die Angst vor vernichtender Wut geschützt wird.

Präödipale Angststörungen, d. h. Angststörungen auf mittlerem Strukturniveau, erfordern eine zweigleisige Behandlungsstrategie, bei der die aufdeckende Konfliktanalyse und die strukturorientierte Unterstützung der Nachreifung des Selbst und der Selbstregulation Hand in Hand gehen. Dafür schildere ich zum Abschluss ein etwas längeres Fallbeispiel.

> *Herr P war ein Polizist von 30 Jahren. Nachdem er sich gesetzt hatte, begann er zu meiner Überraschung zu weinen. Das passte nicht zu Uniform und Pistole, mit denen er erschienen war und einen »kernigen« Eindruck vermittelte.*
>
> *Seit sechs Wochen war er krankgeschrieben. Damals war er auf dem Fußballfeld während des Dienstsports zusammengebrochen. Der Notarzt vermutete angeblich einen Herzinfarkt mit den typischen Symptomen: Angst, Herzschmerz, Blässe, kalter Schweiß. Er wurde aus der Notfallambulanz aber rasch als »organisch gesund« entlassen. Seither befand er sich in einer bedrückenden Situation. Die Herzangst-Anfälle hatten ihn inzwischen mehrmals regelrecht »überfallen«. Seine Frau musste nachts einen Notarzt holen, was ihn zutiefst beschämte. Er fürchtete sich vor einem Herzinfarkt. Seine Angst vor den Anfällen bewirkte, dass er am liebsten nur noch in Begleitung seiner Frau das Haus verließ.*
>
> *Der erste Anfall hatte sich beim Dienstsport ereignet, nämlich beim Fußballspiel. Er war Verteidiger. In dieser Position schoss er ein Eigentor. Kurz darauf wurde es ihm übel, die Knie gaben nach, das Herz raste ... Er hatte den Angriff abgewehrt, den Ball aber versehentlich in die falsche Richtung gelenkt. Nach dem Eigentor musste er das Spielfeld verlassen. Im Umkleideraum überfiel ihn der Herzangst-Anfall.*
>
> *Ich erfuhr, dass seine Frau damals zum zweiten Mal schwanger geworden war. Später, nach der Geburt, hatte sie ihr Deputat als Lehrerin aufgegeben und war in einen auf lange Zeit angelegten Mutterschaftsurlaub gegangen. Er hatte nichts dagegen eingewandt, aber innerlich hatte er protestiert. Seither*

ging es ihm definitiv schlecht. In der Behandlung fanden wir heraus, dass er sich durch die zweite Schwangerschaft völlig überfordert gefühlt und sie nicht gewollt hatte. Er berichtete, dass er wütend war, als er den Bauch wie eine Bombe wachsen sah. Vordergründig hatte er sich Sorgen um den Familienunterhalt gemacht, zumal durch das zweite Kind der Umzug in eine größere Wohnung erforderlich wurde. Als seine Frau gegen seinen Willen eine Verlängerung der Elternzeit durchsetzte, konnte er sich nicht wehren. Sie machte ihm Vorwürfe, dass er zu wenig verdiene, und entwertete ihn. Sie forderte von ihm mehr »Karrieredruck«. Sexuell hielt sie ihn für nicht potent genug. Das entsprach dem Bild, das er selbst von sich hatte.

Seine Herzangst schien die Angst vor seiner eigenen Aggressivität zu sein. Jedenfalls spielte das Thema Aggression in der Behandlung eine große Rolle: Verbrecher, die er jagen sollte, die Pistole, mit der er töten konnte, und das Eigentor in der Abwehr, der »Überfall« durch die Angst, wie er es nannte, die Bombe im Bauch seiner Frau – all das wies auf die Aggressionsthematik hin.

Er hatte sich die Familie als einen Ort des Rückzugs und der Harmonie gewünscht. Stattdessen erlebte er nun, dass er die Zuwendung seiner Frau mit zwei Kindern teilen musste, die das Haus mit Unruhe erfüllten. Seit der Geburt des Sohnes erlebte er zu Hause das Gleiche wie im Beruf: Kampf, Aggressivität und Rivalität statt Harmonie und Ruhe. Darin wiederholten sich Muster seiner Geschichte, in der er sich oft hilflos und überfordert gefühlt hatte: Aufpassen auf jüngere Geschwister, ein kranker, beruflich gescheiterter Vater, der zu trinken begonnen hatte und kein Interesse an seinen Kindern zeigte, eine überforderte Mutter, die die »Hosen anhatte«, um die Existenz der Familie zu sichern.

Seine sehr ambivalente Mutterbindung war ein Angelpunkt in der Dynamik von Herrn P. Er wurde nach dem frühen Tod des Vaters zu ihrem Seelentröster. Vordergründig war er stark mit ihr identifiziert, doch die Behandlung brachte zum Vorschein, dass er sie dafür hasste, wie sie den Vater entwertet hatte. Zum Stolz der Mutter entwickelte er sich zum Sportler und wurde ein aktiver Fußballspieler. In der Schule hatte er Erfolg. Doch zu ihrer Enttäuschung entschied er sich nach der Mittleren Reife aufgrund einer Werbekampagne, zur Polizei zu gehen, statt das Abitur zu machen und zu studieren. So beschloss er mit 17 Jahren, von zu Hause auszuziehen, und bekam eine Unterkunft in der Polizeikaserne. Dahinter stand unbewusst die

> *Suche nach einem potenten Vater. Nach einigem Hin und Her kam es darüber jedenfalls zum Bruch mit seiner Mutter.*

Bei Herrn P blieb das Bedürfnis nach einer stabilen Orientierung an einen greifbaren, zugewandten Vater unerfüllt, so dass er in seiner Entwicklung zwischen Muttergebundenheit und unerfüllter Vatersehnsucht stecken blieb. So begegnete er mit der Schwangerschaft seiner Frau einem Defizit in seinem männlichen Selbst, das es ihm verwehrte, sich gegen die Forderungen der Frau (und in der Übertragung: der Mutter) zu behaupten. Seine Herzangst war ein Äquivalent seiner unterdrückten Verselbständigungs- und Selbstbehauptungswut.

Man kann die Dynamik dieser Angststörung auf zweierlei Weise lesen: Unter dem Aspekt der Konfliktpathologie geht es um einen Autonomie-Abhängigkeits-Komplex, der in der Beziehung zur Mutter wurzelt. Unter dem Aspekt der Strukturpathologie stehen narzisstische Defizite in der Selbstentwicklung im Fokus, die auf der unzureichenden Funktion des Vaters als »Dritter«, als entwicklungsförderndes Selbstobjekt beruhen. Dieses Zusammenwirken von Struktur- und Konfliktpathologie ist das Wesen der präödipalen Pathologie auf dem mittleren Strukturniveau. Die Aufgabe der Behandlung besteht bei diesen Patienten darin, Hand in Hand die Konfliktpathologie aufzudecken und durchzuarbeiten, zugleich aber im Falle von Labilisierungen, die irgendwann in jeder Therapie auftreten, als Therapeut die Funktion als stützendes Selbstobjekt zu übernehmen, bis die Patienten einen aus dieser Funktion entlassen können. Das bedeutet konkret: die Selbstzweifel empathisch aufzunehmen – z.B. mit einer Intervention wie »Es ist ja auch schwierig, wenn Sie sich so sehr bemühen und dann immer wieder nur Kritik erfahren.«

Im Falle von Herrn P zeigte dieses zweigleisige Vorgehen eine gute Wirkung. Er fand Zugang zu seinen verdrängten aggressiven Affekten und Phantasien und versöhnte sich nach und nach damit. Er orientierte sich neu als Mann und entwickelte eine stabilere männliche Identität. Dabei spielte die Beziehung zu mir als sein Therapeut eine bedeutende Rolle. Erst idealisierte er mich maßlos und verbündete sich mit mir gegen die Frauen. In dieser Phase gab es Konflikte und Spannungen mit seiner Frau, der gegenüber er sich zu behaupten begann. Dann begann er, an meiner Fassade zu kratzen und mich erst sehr vorsichtig, dann durchaus heftiger zu kritisieren. Er zeigte mir seine männliche Potenz, indem er sich einen gebrauchten Sportwagen kaufte und sich darüber lustig machte, dass ich mit dem Fahrrad in die Klinik kam. Später zeigte er mir, welch ein toller Vater er inzwischen war, wenn er seinen kleinen Sohn zum Fußball mitnahm und viel Zeit mit ihm verbrachte, während ich ja nur zwei Stunden pro Woche Zeit für ihn hatte und nur »redete«. Schließlich, am Ende der Therapie nach zweieinhalb Jahren, »versöhnten« wir uns. Er fand, dass man von einem Therapeuten eben nicht alles bekommen kann – man muss ihn mit all seinen Schwächen und Stärken nehmen, wie er ist. Ich fand, dass er recht hatte. Angstzustände waren schon lange zwischen uns kein Thema mehr.

Schlusswort

Zum Abschluss ein Wort zu den Bemühungen der letzten Jahrzehnte, die Neurowissenschaften vermehrt für das Verständnis und die Erklärung psychopathologischer Angstphänomene zu nutzen. Dieser Trend bemüht sich um eine integrative Betrachtung der Angst unter Einbeziehung psychophysiologischer und neurobiologischer Erkenntnisse. Es bleibt abzuwarten, wohin diese Entwicklung künftig gehen wird.

Die Praxis der dynamischen Psychotherapie konzentriert sich nach wie vor auf die Erkundung der individuellen Psychodynamik und Struktur unserer Angstpatienten. Dazu steht uns eine Fülle von Erkenntnissen zur Verfügung, die sich aus einer über hundert Jahre währenden psychoanalytischen Angstforschung ergeben haben. Sie wird durch neuere Ergebnisse aus der Bindungs- und der Gedächtnisforschung bereichert.

Die übergeordnete Botschaft dieser Forschung liegt in der Erkenntnis, dass psychodynamische begründete Angst immer auf Verwerfungen in der individuellen Entwicklung verweist. Wenn sie verstanden wird, können Blockaden beseitigt, Fixierungen gelöst, unbewusste Phantasien integriert und Beziehungen neu gestaltet werden. Dadurch werden neue Wege für die Entwicklung erschlossen. So wird es auch künftig das Programm dieser Behandlungen sein, Angst in ihrer Komplexität zu ergründen und ihren individuellen Bedeutungen nachzuspüren, anstatt sie »einfach« beseitigen zu wollen.

Literatur[25]

Abraham K (1969) Studien zur Charakterbildung und andere Schriften. Fischer, Frankfurt a. M.
Atwood G, Stolorow R (1984) Structures of Subjectivity. Analytic Press, Hillsdale NJ
Balint M (1959) Angstlust und Regression. Klett-Cotta, Stuttgart, 5. Aufl. 1999
Balint M (1965) Urformen der Liebe und die Techniken der Psychoanalyse. Klett, Stuttgart 1966
Balint M (1968) Therapeutische Aspekte der Regression. Klett, Stuttgart 1970
Benedetti G (1984) Die Angst des schizophrenen Kranken vor seinem Arzt. In: Rüger U (Hrsg) (1984) Neurotische und reale Angst. Vandenhoeck & Ruprecht, Göttingen
Bion WR (1957) Zur Unterscheidung von psychotischen und nicht-psychotischen Persönlichkeiten. In: Bott Spillius E (Hrsg) (1988) Melanie Klein heute. Bd 1. Klett-Cotta, Stuttgart 1990
Bion WR (1962) Lernen durch Erfahrung. Suhrkamp, Frankfurt a. M. 1990
Bion WR (1963) Elemente der Psychoanalyse. Suhrkamp, Frankfurt a. M. 1992
Bion WR (1965) Transformationen. Suhrkamp. Frankfurt a. M. 1997
Eckhardt-Henn A, Heuft G, Hochapfel G, Hoffmann SO (2004) Neurotische Störungen und Psychosomatische Medizin. 7. Aufl., Schattauer, Stuttgart und New York
Ermann M (1984) Die Entwicklung der psychoanalytischen Angst-Konzepte und ihre therapeutischen Folgerungen. In: Rüger U (Hrsg) (1984) Neurotische und reale Angst. Vandenhoeck & Ruprecht, Göttingen
Ermann M (1994) Psychosomatische Medizin und Psychotherapie. Kohlhammer, Stuttgart, 7. Auflage 2020
Ermann M (1999) Psychotherapeutische und psychosomatische Medizin. Kohlhammer, Stuttgart
Ermann M (2004) Herz und Seele. Kohlhammer, Stuttgart

---

25 Es werden nur Quellen angegeben, die sich direkt auf das Thema Angst und Angststörungen und angrenzende Themen beziehen.

Ermann M (2007) Psychosomatische Medizin und Psychotherapie. 5. Aufl. Kohlhammer, Stuttgart
Ermann M (2010) Sándor Ferenczi und der Institutionskonflikt der Psychoanalyse. Forum der Psychoanalyse 26 (2010) 227–240
Ermann M (2010) Psychoanalyse heute. Kohlhammer, Stuttgart
Fabian E (2010) Anatomie der Angst. Klett-Cotta, Stuttgart
Freud A (1936) Das Ich und die Abwehrmechanismen. Internat. Psychoanalyt. Verlag, Wien
Freud S (1895) Über die Berechtigung, von der Neurasthenie einen bestimmten Symptomenkomplex als »Angstneurose« abzutrennen. GW[26] Bd I
Freud S (1898) Zur Sexualität in der Ätiologie der Neurosen. GW Bd I
Freud S (1900) Traumdeutung. GW Bd II/III
Freud S (1905) Drei Abhandlungen zur Sexualtheorie. GW Bd V
Freud S (1908) Charakter und Analerotik. GW Bd VII
Freud S (1909). Analyse der Phobie eines fünfjährigen Knaben. GW Bd VII (»Der kleine Hans«).
Freud S (1912/13) Totem und Tabu. GW Bd IX
Freud S (1914) Zur Einführung des Narzissmus. GW Bd X
Freud S (1916/17) Vorlesungen zur Einführung. GW Bd XI
Freud S (1919) Das Unheimliche. GW Bd XII
Freud S (1920) Jenseits des Lustprinzips. GW Bd XIII
Freud S (1923) Das Ich und das Es. GW Bd XIII
Freud S (1926) Hemmung, Symptom und Angst. GW Bd XIV
Freud S (1950) Aus den Anfängen der Psychoanalyse. Briefe an Wilhelm Fließ. S. Fischer, Frankfurt a. M.
Hartmann H (1939) Das Ich und das Anpassungsproblem. Internat. Psychoanalyt. Verlag, Wien
Hartmann H (1950) Bemerkungen zur psychoanalytischen Theorie des Ichs. Psyche 18 (1964) 330–354
Hoffmann SO (1979) Charakter und Neurose. Suhrkamp, Frankfurt a. M.
Kernberg OF (1976) Objektbeziehungen und Praxis der Psychoanalyse. Deutsch: Klett-Cotta, Stuttgart 1981
Klein M (1928) Frühstadien des Ödipuskomplexes. Internationale Zeitschrift für Psychoanalyse 14: 65–77
Klein M (1932a) Die Psychoanalyse des Kindes. Internat. Psychoanal. Verlag, Wien 1934. Neuaufl. Klett, Stuttgart 1962
Klein M (1932b) Die Bedeutung früher Angstsituationen für die Ich-Entwicklung. In: Klein M (1932a) Die Psychoanalyse des Kindes. Internat. Psychoanal. Verlag, Wien 1934. Neuaufl. Klett, Stuttgart 1962

---

26 Freud S: Gesammelte Werke. Fischer, Frankfurt a. M.

Klein M (1935) Zur Psychogenese der manisch-depressiven Zustände. In: Klein M (1962) Das Seelenleben des Kleinkindes. Klett. Stuttgart
Klein M (1945) Der Ödipuskomplex unter dem Aspekt früher Angstsituationen. In: Frühstadien des Ödipuskomplexes. Fischer, Frankfurt 1985
Klein M (1946) Bemerkungen über einige schizoide Mechanismen. In: Klein M (1962) Das Seelenleben des Kleinkindes. Klett. Stuttgart
Klein M (1948) Beitrag zur Theorie von Angst und Schuldgefühlen. Gesammelte Werke, Frommann-Holzboog, Stuttgart, Bd III
Klein M (1962) Das Seelenleben des Kleinkindes. Klett. Stuttgart
Klein, M. (1957): Neid und Dankbarkeit. Psyche – Zeitschrift für Psychoanalyse 11 (1957), 241–255
Kohut H (1971) Narzissmus. Suhrkamp, Frankfurt a. M. 1973
Kohut H (1977) Die Heilung des Selbst. Suhrkamp, Frankfurt a. M. 1978
König K (1981) Angst und Persönlichkeit. Vandenhoeck & Ruprecht, Göttingen
König K (1992) Kleine psychoanalytische Charakterkunde. Vandenhoeck & Ruprecht, Göttingen
Mahler M (1968) Symbiose und Individuation. Klett, Stuttgart 1972
Meltzer D (1992) Das Claustrum. Edition diskord, Tübingen 2005
Meltzer D, Williams MH (1988) Die Wahrnehmung von Schönheit. Der ästhetische Konflikt in Entwicklung und Kunst. Brandes und Apsel, Frankfurt am Main 2006
Meyer G (2005. 2007. 2009) Konzepte der Angst in der Psychoanalyse. Band 1, 2, 3. Brandes und Apsel, Frankfurt a. M.
Orange DM, Atwood GE, Stolorow RD (1997) Intersubjekivität in der Psychoanalyse. Brandes und Apsel, Frankfurt a. M.
Rank O (1924) Das Trauma der Geburt und seine Bedeutung für die Psychoanalyse. Internationaler Psychoanalytischer Verlag, Leipzig, Wien, Zürich (1924),
Riemann F (1961) Grundformen der Angst. Reinhardt, München
Riemann F (1975) Die schizoide Gesellschaft. Kaiser, München
Rudolf G (2004) Strukturbezogene Psychotherapie. Schattauer, Stuttgart
Rüger U (Hrsg) (1984) Neurotische und reale Angst. Vandenhoeck & Ruprecht, Göttingen
Schwarz F (1984) Angst und Übertragung in der Psychotherapie psychotischer Patienten. In: Rüger U (Hrsg) (1984) Neurotische und reale Angst. Vandenhoeck & Ruprecht, Göttingen
Spitz R (1965) Vom Säugling zum Kleinkind. Klett, Stuttgart 1967
Stolorow RD, Brandchaft B, Atwood GE (1987) Psychoanalytische Behandlung. Fischer, Frankfurt a. M. 1996
Winnicott DW (1957) Kind, Familie und Umwelt. Reinhardt, München 1969
Winnicott DW (1958) Von der Kinderheilkunde zur Psychoanalyse. Kindler, München 1976
Winnicott DW (1962) Ich-Integration in der Entwicklung des Kindes. In: Winnicott DW (1965) Reifungsprozesse und fördernde Umwelt. Kindler, München 1974

Winnicott DW (1965) Reifungsprozesse und fördernde Umwelt. Kindler, München 1974
Winnicott DW (1971) Vom Spiel zur Kreativität. Klett, Stuttgart 1974

Zum weiteren Studium empfohlene Literatur

Zum Thema Angst

Balint M (1959) Angstlust und Regression. Klett-Cotta, Stuttgart, 5. Aufl. 1999
Elbert-Laermann A (2014) Angst. Psychosozial Verlag, Gießen
Freud S (1933) Angst und Trieberleben (32. Vorlesung). In: Neue Folge der Vorlesungen zur Einführung in die Psychoanalyse. GW Bd. XV
Fabian E (2010) Anatomie der Angst. Klett-Cotta, Stuttgart
Hoffmann SO (2008) PsychodynamischeTherapie von Angststörungen. Schatttauer, Stuttgart
König K (1981) Angst und Persönlichkeit. Vandenhoeck & Ruprecht, Göttingen
Mentzos, S. (1984) Angstneurose. Psychodynamische und psychotherapeutische Aspekte. Fischer, Frankfurt
Meyer G (2005. 2007. 2009) Konzepte der Angst in der Psychoanalyse. Band 1, 2, 3. Brandes und Apsel, Frankfurt am Main
Rüger U (Hrsg) (1984) Neurotische und reale Angst. Vandenhoeck & Ruprecht, Göttingen
Springer A, Janta J, Münch K (Hrsg) (2022) Angst. Psychosozial Verlag, Gießen

Zur Entwicklung der Psychoanalyse

Ermann M (2008) Freud und die Psychoanalyse. Kohlhammer, Stuttgart
Ermann M (2009) Psychoanalyse in den Jahren nach Freud. Kohlhammer, Stuttgart
Ermann M (2010) Psychoanalyse heute. Kohlhammer, Stuttgart

Stichwortverzeichnis

A

Abhängigkeit 110
Abwehrmechanismen 89
Aggression 60
Agoraphobie 65, 107
Alpha-Element 68
Alpha-Funktion 64, 65, 69
Angst
- als Symptom 28
- archaische 76
- Ätiologie 102
- Begriff 13
- depressive 61, 77
- diffuse 31, 87
- Entwicklungsdiagnostik 102
- existenzielle 14
- in der darstellenden Kunst 21
- in der Literatur 20
- in der Musik 20
- klinischer Kontext 26
- namenlose 65, 66, 68, 76
- neurotische 29, 62
- paranoide 65, 69, 77
- pathologische 27, 30
- Phänomenologie (ICD-10) 100
- psychotische 53, 54, 65, 69
- reale 26, 99
- realistische 26
- situative 15
- strukturelle 29
- traumatische 27, 73
- unbewusste 28
- unrealistische 29
- vor dem Verlust von Ich-Funktionen 53
- vor Erkenntnis und Veränderung 65, 66
- vor leeren Räumen (Oknophilie) 73
- vor Liebesverlust 47
- vor Objekten (Philobathie) 74
- vor Selbstverlust 73
Angstabwehr, -bewältigung 61
Angstentstehung 16
Angstfreiheit 53
Angstgedächtnis 16
Angsthysterie 41
Angstkonzepte 60
Angstkultur 17
Ängstlichkeit 14
Angstneurose 40
Angststörung 28, 30
- Ätiologie 102
- Behandlung 109
- Diagnostik, Klassifikation 100
- generalisierte 106
- Hypochondrie,, Krankheitsphobie 108
- ICD-10 101
- Klassifikation 101
- körperdysmorphe, dysmorphophobe 108
- Merkmale, Übersicht 106

123

Stichwortverzeichnis

- neurotische 103
- neurotische, Behandlung 110
- Persönlichkeitsstörung 109
- posttraumatische 105
- präödipale 103
- präödipale, Behandlung 113
- psychotische 103
- reaktive 105
- strukturelle 102
- strukturelle, Behandlung 111

Angstsymptom 28, 31
Angsttheorie 60, 68, 73, 76, 94, 97
- intersubjektive 86

Angstvermeidung 99
Angstverständnis 97
- interdisziplinäres 16

Angst vor der Angst 18
Anpassungsprozess 51, 53
Antinomie 94

B

Beiträge zum Angstverständnis 76

C

Charakter 88
Charakterpathologie 88
Charaktertyp 97
Charaktertypologie 89
Claustrum 68
Container 64

D

Denken, Theorie 63, 77
Desintegrationsangst 83, 86
Destruktionstrieb 60
Dysmorphophobie 108

E

Entwicklungsangst 28, 66
Entwicklungskonzept 58
Entwicklungspathologie 102
Erwartungsangst 107
Erythrophobie 108
Es 46, 61
Es-Angst 46
Existentialismus 20
Existenzphilosophie 19
Expressionismus 21

F

Fragmentierungsangst 76, 83, 86

G

Geburtsangst 47
Gedächtnis
- implizit-prozedurales 73

Gewissensangst 47, 60
Glaube 17
Grundängste 95
Grundangst. Siehe Angst, existenzielle 95
Grundformen der Angst 94, 95
Grundstörung 72
Gruppenpsychotherapie 97

H

Hypochondrie 31, 69

I

ICD-10 102
Ich 49, 51, 53
- autonome Funktionen 51
- Entwicklung 52

124

– konfliktfreie Sphären 52
Ich-Autonomie, primäre 52
Ich-Psychologie 49, 51, 52, 78, 80
Intersubjektivität 84
– Angstverständnis 86
– Ansatz 84

K

Kastrationsangst 47
Kinderanalyse 55, 57, 70
Klaustrophobie 65, 107
Klaustrophobische Ängste 69
Konfliktangst 28
Konflikt, ästhetischer 68
Konfliktpathologie 103
Körperdysmorphe Angststörung 108
Krankheitsphobie 108
Kultur 16, 17

L

Libido 41

M

Matrix
– Ich-Es 52
– intersubjektive 85, 86
Mütterlichkeit, primäre 75

N

Narzissmus 72, 80
– pathologischer 80
Narzissmustheorie 79
Neopsychoanalyse 88, 91
Neurose, narzisstische 78
Neurosenstruktur 90, 91
Neurotisch
– im engeren Sinne 103

– im weiteren Sinne 102, 105
Neurowissenschaft 118

O

Objekt 73
– inneres 58, 68
– reales 59
– steuerndes 99
Objektbeziehung 62
Objektbeziehungstheorie 57, 71, 85
– controversial discussion 70
– Entwicklung 55
Objektliebe, passive 73
Ödipuskomplex 60
Oknophilie 73

P

Panik 31
Persönlichkeit
– narzisstische 80
– schizoide, depressive, zwanghafte, hysterische 95
Persönlichkeitsstörung
– ängstliche, abhängige 101, 102, 109
– narzisstische 80
Persönlichkeitsstruktur. Siehe auch Neurosenstruktur, Charakter (pathologie) 88
Philobatie 73
Phobie 31, 41, 69
– Erythrophobie 108
– isolierte (einfache) 108
– soziale 108
– Tierphobie 108
Position
– depressive 61
– paranoid-schizoide 61
Psychoanalyse, relationale 84
Psychogenese 109

R

Realangst 46, 62
Realität, äußere 52, 53
Regression 73
Religion 16

S

Sadismus. Siehe auch Trieb, sadistischer Todestrieb
– oraler 61
Säuglingsforschung 54, 86
Selbst 53, 80, 84
– als dynamisches Erleben 85
– Entwicklung 84
– Konzept 78
– Nachreifung, Heilung 83
Selbstobjekt 80, 86, 113
Selbst-Psychologie 54, 78, 85
– Weiterentwicklung zur Intersubjektivität 84
Signalangst 15, 26
Situationsphobie 107
Störung
– narzisstische 80
– posttraumatische 27
Strafangst 47, 60
Symptomangst 42

T

Teilobjekt 59, 98
Tierphobie 108
Todestrieb 51, 59, 60, 66
Transformation 64
Traumapathologie 102
Triebangst 43, 46, 53
Trieb, sadistischer 58

U

Über-Ich 47
– frühes 60
Über-Ich-Angst 47, 60
Unbewusstes
– angeborenes 69
Unheimliche, das 50
Urangst 47

V

Verfolgungsangst 61, 77
Verlassenheitsangst 77
Verlustangst 62, 77
Vermeidungsverhalten 109
Vernichtungsangst 65, 76, 77

Personenverzeichnis

A

Abraham, K. 57, 89
Adler, A. 90
Aristoteles 18
Atwood, G 84
Augustinus 18

B

Balint, M. 56, 70, 72, 73, 77
Benedetti, G. 103
Bion, W. R. 51, 63, 65, 67, 77

D

Dürer, A. 21

F

Fabian, E. 51
Ferenczi, S. 55, 57, 71
Freud, A. 51, 55, 69
Freud, S. 15, 24, 40, 42, 55, 60–62, 66, 69, 72, 88

H

Hartmann, H. 51–53, 78
Heigl-Evers, A. 97

Heigl, F. 97
Hoffmann, S. O. 88

J

Jung, C. G. 90

K

Kernberg, O. F. 88, 97, 99, 102
Klein, M. 53, 55, 57, 58, 60, 63, 69
Kohut, H. 54, 76, 78–80, 84, 88, 99
König, K. 88, 97, 99
Kris, E. 52

L

Lindner, W. V. 97
Loewenstein, R. 52

M

Mahler, M. 54
Meltzer, D. 63, 68, 69
Mitchell, S. 84
Munch, E. 22

P

Platon   18

R

Radó, S.   52
Riemann, F.   88, 94, 95, 97

S

Sartre, J. P.   20
Schultz-Hencke, H.   88, 91

Spitz, R.   54
Stolorow, R. D.   86, 87

V

van Gogh, V.   24

W

Winnicott, D. W.   70, 75, 76

Der Autor

Prof. Dr. med. habil. Michael Ermann ist Facharzt für Psychotherapeutische Medizin und Psychoanalytiker in Berlin, wo er vor allem als Berater, Supervisor sowie als Autor und Ausbildungspsychoanalytiker tätig ist. Er ist habilitiert für Psychosomatische Medizin und Psychoanalyse an der Universität Heidelberg und emeritierter Professor für Psychosomatik und Psychotherapie an der Ludwig-Maximilians-Universität München. Dort hat er 25 Jahre lang eine psychosomatische Abteilung geleitet. Er ist Mitbegründer und Herausgeber der Zeitschrift »Forum der Psychoanalyse« und der Buchreihe »Lindauer Beiträge zur Psychotherapie und Psychosomatik«, in der auch der vorliegende Band erscheint. Als Mitglied und Funktionsträger in wissenschaftlichen und berufspolitischen Gremien hat er die psychoanalytisch begründete Psychotherapie und Psychosomatik in den letzten Jahrzehnten mitgestaltet.

Weitere Informationen unter www.m-ermann.de.